怎样学好普通话丛书

LANYINGUANHUAQU
ZENYANG XUEHAO PUTONGHUA

# 兰银官话区怎样学好普通话

教 育 部 语 言 文 字 应 用 研 究 所
国家语委普通话与文字应用培训测试中心 组编

本册主编：任丽花
审　　读：张文轩

中国教育出版传媒集团　　语文出版社

·北京·

**图书在版编目（ＣＩＰ）数据**

兰银官话区怎样学好普通话 / 教育部语言文字应用
研究所，国家语委普通话与文字应用培训测试中心组编
. -- 北京：语文出版社，2024.11
　　ISBN 978-7-5187-1664-7

　　Ⅰ. ①兰… Ⅱ. ①教… ②国… Ⅲ. ①普通话－自学
参考资料 Ⅳ. ①H102

中国国家版本馆CIP数据核字(2023)第001682号

| | |
|---|---|
| **责任编辑** | 康　宁 |
| **装帧设计** | 刘姗姗 |
| **出　　版** | 语文出版社 |
| **地　　址** | 北京市东城区朝阳门内南小街51号　　100010 |
| **电子信箱** | ywcbsywp@163.com |
| **排　　版** | 北京九章文化有限公司 |
| **印刷装订** | 北京鑫海金澳胶印有限公司 |
| **发　　行** | 语文出版社　新华书店经销 |
| **规　　格** | 890mm×1240mm |
| **开　　本** | A5 |
| **印　　张** | 4.25 |
| **字　　数** | 106千字 |
| **版　　次** | 2024年11月第1版 |
| **印　　次** | 2024年11月第1次印刷 |
| **定　　价** | 22.00元 |

☎ 010-65253954(咨询) 010-65251033(购书) 010-65250075(印装质量)

# 怎样学好普通话丛书编委会

# 前 言

　　我国宪法规定：国家推广全国通用的普通话。

　　新中国成立以来，在党中央、国务院坚强领导下，普通话推广工作蓬勃发展，取得举世瞩目的成就。2020 年全国普通话普及率超过80%，实现了普通话在全国范围内基本普及、语言交际障碍基本消除的历史性目标。新时代新征程，坚定不移推广普及国家通用语言文字，向着全面普及的新目标稳步迈进，要聚焦重点，精准施策，着力解决推广普及不平衡不充分问题，不断提升国家通用语言文字普及程度和质量。为更好满足广大群众学习普通话、提高普通话水平的需求，教育部语言文字应用研究所、国家语委普通话与文字应用培训测试中心联合语文出版社，精心策划和组织编写了这套"怎样学好普通话丛书"。

　　本丛书是一套基础性、大众化的普通话学习用书，包括系统描述普通话语音、词汇、语法等知识的基础读本，以及针对不同方言区的专用读本。在保证内容表述科学规范的前提下，力求语言平实、深入浅出、通俗易懂。没有语言学专业基础的读者，通过学习基础读本，能够对普通话特别是普通话语音有比较系统的了解。不同方言区的读者，通过学习专用读本，可以比较熟练地掌握普通话与方言的对应规律，针对学习重点与难点进行练习，更快更好地提高普通话水平。

应邀参加本丛书编写、审读的专家学者，既有享有盛誉的著名语言学家，也有学有专长的知名专家和优秀青年学者。他们长期从事普通话教育教学及研究，具有扎实的专业理论功底和丰富的实践经验，对推广普通话满怀热忱，对编写和审读工作精益求精，保证了本丛书的科学性、专业性和实用性。谨向他们表示敬意和感谢！

教育部语言文字应用研究所
国家语委普通话与文字应用培训测试中心

# | 目　录 |

第一章　导论　　　　　　　　　　　　　　　　　　　1

一、概述　　　　　　　　　　　　　　　　　　　　1

二、现代汉语方言分区　　　　　　　　　　　　　　3


第二章　兰银官话方言区汉语使用概况　　　　　　　6

一、兰银官话的分片　　　　　　　　　　　　　　　6

二、兰银官话的使用概况　　　　　　　　　　　　　8


第三章　兰银官话方言区学习普通话语音应该注意的问题　9

一、声母　　　　　　　　　　　　　　　　　　　　9

（一）兰银官话声母的特点及其与普通话声母的区别　9

（二）兰银官话方言区学习普通话声母的重点和难点　10

（三）兰银官话方言区学习普通话声母的辨正训练　13

二、韵母　　　　　　　　　　　　　　　　　　　　27

（一）兰银官话韵母的特点及其与普通话韵母的区别　27

（二）兰银官话方言区学习普通话韵母的重点和难点　　27

（三）兰银官话方言区学习普通话韵母的辨正训练　　32

三、声调　　46

　　（一）兰银官话声调的特点及其与普通话声调的区别　　46

　　（二）兰银官话方言区学习普通话声调的重点和难点　　47

　　（三）兰银官话方言区学习普通话声调的辨正训练　　49

四、音变　　59

　　（一）兰银官话音变特点及其与普通话音变的比较　　59

　　（二）兰银官话方言区学习普通话音变的重点和难点　　60

　　（三）兰银官话方言区学习普通话音变的辨正训练　　60

五、连读调　　72

　　（一）兰银官话的连读调　　72

　　（二）兰银官话连读调的大致特点　　73

　　（三）兰银官话方言区学习普通话轻声词的辨正训练　　75

第四章　兰银官话与普通话词汇使用的主要差异　　79

　一、兰银官话与普通话词汇使用的主要差异　　79

　二、兰银官话词汇与普通话词汇对比　　80

第五章　兰银官话与普通话语法使用的主要差异　　96

　一、兰银官话与普通话语法使用的主要差异　　96

　二、兰银官话与普通话语法表达对照　　98

第六章　朗读  112

 一、什么是朗读  112

 二、朗读的作用  112

 三、朗读的基本要求  113

 四、朗读作品范例  114

**参考文献**  122

# 第一章
## 导　　论

## 一、概述

　　汉语历史悠久，是世界上使用人口最多的语言。汉语是联合国六种工作语言之一，在国际交往中发挥着重要作用。近年来，随着我国改革开放的不断深入，综合国力的不断增强，汉语在国际上的地位不断提高，在国际社会中的重要性日益显著，世界各国纷纷掀起学习汉语的热潮。为了适应汉语热的国际形势需要，从2004年起，我国在海外设立以教授汉语、传播中华文化为宗旨的孔子学院。到2018年，已有548所孔子学院和1193个孔子课堂，遍布全球154个国家和地区。孔子学院已经成为世界各国人民学习汉语和汉文化、了解当代中国的重要场所。截至2020年底，全球70多个国家将中文纳入国民教育体系，8万多所各级各类学校开展中文教育，学生人数超过2000万。除中国外，各国累计学习和使用中文人数约2亿。用于测查外国人汉语程度的"汉语水平考试"（HSK）已被国际认可，成为世界上影响力最大的国家级汉语标准化考试。

　　作为以汉语为母语的国人，更应该学好自己国家的语言，使用好自己国家的语言。对于偏远地区的人民来说，如何掌握自己国家的通用语言，使之发挥应有的交际功能是新时期急需解决的问题。教育部、国务院扶贫办、国家语委印发的《推普脱贫攻坚行动计划（2018—2020年）》的通知（教语用〔2018〕1号）中指出："扶贫先扶智，扶智先通语。到2020年，贫困家庭新增劳动力人口应全部具有国家通用语言文字沟通交流和应用能力，现有贫困地区青壮年劳动力具备基本的普通话交流能力，当地普通话普及率明显提升，初步具备普通话交流的语言环境，为提升'造血'能力打好语言基础。"

据统计，"现在全国普通话普及率已达70%以上（截至2021年6月，全国普通话普及率达到80.72%），成为中国和中国人最为重要的语言，与汉语方言、民族语言和外语共同承担起中国的语言生活重任。而且普通话与港澳的社区语言、台湾的'国语'、海外的华语相互接触、相互影响，形成了'大华语'这一全世界华人的共同语。普通话在国际上也得到了广泛传播，许多国际组织把普通话作为官方语言或工作语言，汉语教学在170多个国家开展起来，其中70余国纳入了基础教育。普通话与国际上的一些大语言一起，服务于人类命运共同体的构建，在全球治理中发挥越来越大的作用"。（《中国语言文字事业70年——序〈中国语言生活状况报告（2019）〉》）

为适应经济建设和社会发展的需要，国家坚持社会语言生活主体化与多样化相结合的原则，一方面使公民普遍具有应用国家通用语言的能力，另一方面还要尊重方言的使用价值和文化价值。推广普通话的目的是让公民在使用方言的同时也掌握国家通用语言，并在正式场合和公共交际场合自觉地使用国家通用语言，以实现人际间的顺畅交流。

## 二、现代汉语方言分区

普通话是我国规范的现代汉民族共同语，是全国通用的语言。普通话是和方言相对的。方言是局部地区人们使用的语言，普通话则是一个民族的全体成员普遍使用的规范化的共同语。普通话与方言是相互影响的。作为现代汉民族共同语的普通话是在汉语方言的基础上形成的，汉语方言作为本民族语言的地方分支或变体，与普通话并存。

我国语言学者把汉语方言分为七个大区：

### 1.北方方言区

北方方言是汉民族共同语——普通话的基础方言，以北京话为代表，内部一致性较强，分布地域广。使用人口约占汉族总人口的73%。北方方言又分为四个次方言，即华北—东北方言、西北方言、西南方言、江淮方言。

### 2.吴方言区

吴方言分布在上海市、江苏省东南和浙江省的大部分地区，以及江西省、福建省和安徽省的小部分地区。吴方言以苏州话或上海话为代表，内部存在一些分歧现象。使用人口约占汉族总人口的7.2%。

### 3.湘方言区

湘方言分布在湖南省大部分地区以及广西壮族自治区的东北，以长沙话为代表，内部存在新老湘语的差别。使用人口约占汉族总人口的3.2%。

4.赣方言区

赣方言分布在江西省大部分地区以及湖南省、湖北省、安徽省、福建省的部分地区，以南昌话为代表。使用人口约占汉族总人口的3.3%。

5.客家方言区

客家方言主要分布在广东省东部和北部、福建省西部、江西省南部和广西壮族自治区东南部，以梅县话为代表，内部差别不大。使用人口约占汉族总人口的3.6%。

6.闽方言区

闽方言跨越六省，包括福建省和海南省的大部分地区、广东省东部潮汕地区、雷州半岛部分地区和浙江省南部温州地区以及台湾省大多数汉族居住区。使用人口约占汉族总人口的5.7%。闽方言可分为闽东、闽南、闽北、闽中、莆仙五个次方言。其中闽东方言分布于福建省东部闽江下游，以福州话为代表。闽南方言分布于闽南二十四县、广东省的潮汕地区、雷州半岛、海南省、台湾省及浙江省南部，以厦门话为代表。

7.粤方言区

粤方言主要分布在广东省中部、西南部和广西壮族自治区东部、南部以及港澳地区，以广州话为代表，内部有分歧。使用人口约占汉族总人口的4%。

二十世纪八十年代，中国社会科学院和澳大利亚人文科学院进行科研调查后，合作编纂出版《中国语言地图集》，将汉语方言分为十个区，即：官话区、晋语区、吴语区、徽语区、赣语区、湘语区、闽语区、粤语区、平话区、客家话区。其中，官话区又分为八个区：东北官话区、北京官话区、冀鲁官话区、胶辽官话区、中原官话区、兰银官话区、西南官话区、江淮官话区（现在学界普遍认同此种区分）。《中国语言地图集》划分汉语方言为五个层次：大区—区—片—小片—点。区底下一般分若干片，片有时为若干小片，点指调查点。

# 第二章
## 兰银官话方言区汉语使用概况

### 一、兰银官话的分片

兰银官话是汉藏语系汉语方言的一个分支，它分布于甘肃省兰州市、白银市及宁夏回族自治区北部、新疆维吾尔自治区天山以北的地区。兰银官话分布地区人口密度较低，是八种官话中使用人数最少的一种，在我国西北方言中占主要地位。兰银官话的"兰"指兰州，"银"指银川。

2012年，中国社会科学院语言研究所、中国社会科学院民族学与人类学研究所、香港城市大学语言资讯科学研究中心合作撰写，商务印书馆出版的《中国语言地图集》（第2版）中，将兰银官话分为金城片、银吴片、河西片和北疆片四片。

#### 1.金城片

"金城"是兰州的旧称。金城片涵盖兰州市城区及所属的榆中、永登、皋兰三县，白银市白银区和永靖县黄河以东的三个乡。

## 2.银吴片

银吴片涵盖银川市、永宁县、贺兰县、石嘴山市、平罗县、吴忠市、青铜峡市、同心县、盐池县、灵武市、中宁县、中卫市12个市县。银吴片内部又分为银川片（银川市兴庆区、金凤区、西夏区，永宁县、贺兰县）、盐池片（盐池县）、银吴片（石嘴山市、平罗县、吴忠市、青铜峡市、灵武市、同心县、中宁县、中卫市）。其中，同心县与盐池县属于中原官话与兰银官话过渡地区。同心县包括县城驻地在内的北部地区属于兰银官话银吴片，南部地区则属于中原官话秦陇片。盐池县西部地区方言归兰银官话银吴片，包括县城驻地花马池镇在内的东部地区，方言大多数语音特征与秦陇片相同，可归入中原官话秦陇片。

## 3.河西片

河西片涵盖武威市、金昌市、张掖市、酒泉市、嘉峪关市、天祝藏族自治县、古浪县、民勤县、永昌县、民乐县、山丹县、高台县、临泽县、肃南裕固族自治县、玉门市、瓜州县、金塔县、敦煌市18个市县。其中，敦煌市以市内党河为界，河东和河西分别为中原官话区和兰银官话区。

## 4.北疆片

北疆当地居民称兰银官话北疆片为"新疆土话"。北疆片涵盖乌鲁木齐市、乌鲁木齐县、阜康市、呼图壁县、玛纳斯县、吉木萨尔县、昌吉市、木垒哈萨克自治县、奇台县、五家渠市、石河子市、克拉玛依市、奎屯市、温泉县、博乐市、精河县、阿勒泰市、布尔津县、富蕴县、福海县、哈巴河县、吉木乃县、青河县、沙湾县、额敏县、乌苏市、塔城市、裕民县、托里县、和布克赛尔蒙古自治县、哈密市、伊吾县、巴里坤哈萨克自治县共33个市县。

## 二、兰银官话的使用概况

兰银官话是按李荣先生《官话方言的分区》一书中古入声字在今方言中读去声（第四声）演变的规律划分出来的。

兰银官话声调的特点是古入声清音声母字和次浊声母字今读去声。古全浊声母入声字一部分今读阳平上，一部分今读去声。金城片、河西片和北疆片中全浊声母入声字在三个调类的方言中读平声，在四个调类的方言中读阳平，少数字归去声。银吴片的古入声全浊声母字一部分归阳平，大部分字归去声。盐池县是少部分古入声全浊声母字归去声，多数字归阳平。北疆片声调内部的一致性很强，分类也很整齐，阳平与上声不分，都是三个声调。

# | 第三章 |

# 兰银官话方言区学习普通话语音应该注意的问题

普通话以北京语音为标准音，兰银官话各地方言的语音系统与普通话不尽相同。要学好普通话，首先要注意比较普通话与兰银官话之间在语音系统方面的差异。下面分别从声母、韵母、声调三个方面进行比较。

## 一、声母

### （一）兰银官话声母的特点及其与普通话声母的区别

普通话声母有22个（包括零声母），兰银官话的声母一般在25—27个之间，与普通话相比，多了清唇齿塞擦音［pf］［pfʰ］、浊唇齿擦音［v］、舌面前浊鼻音［ȵ］、舌面前浊擦音［ʑ］、舌根浊擦音［ɣ］等。

兰银官话声母内部相对比较一致，主要的语音特点是：①零声母中只有开口呼、齐齿呼、撮口呼，没有合口呼；普通话中的合口呼零声母字在兰银官话中读为［v］声母。②在兰银官话中，z、c、s和zh、ch、sh也不同程度地存在着混读现象。③n和l在有些地方是不分的，或者是部分相混的。在兰银官话中，很多时候舌尖中浊鼻音n

与舌面前浊鼻音［ɲ］互补分立，［ɲ］与齐齿呼、撮口呼的韵母相配合，n与开口呼、合口呼的韵母相配合。

## （二）兰银官话方言区学习普通话声母的重点和难点

在学习普通话声母时，不同方言区的人会遇到不同的问题。下面针对兰银官话声母的特点，专门就本方言区人学习普通话时容易混读的声母进行比较，并提供一些辨别和纠正的方法。

1.分辨z、c、s和zh、ch、sh

在普通话中，z、c、s和zh、ch、sh的区别是非常明显的。根据发音部位和舌头形状的不同，z、c、s被称为舌尖前音（或平舌音），zh、ch、sh被称为舌尖后音（或翘舌音）。但在兰银官话中，z、c、s和zh、ch、sh都不同程度地存在着混读现象，即将一部分zh、ch、sh声母的字读为z、c、s声母，如"纸、只、茶、抄、诗、尸"等。其次，zh、ch、sh、r声母与u开头的合口呼韵母配合的字，如"竹、装、初、春、书、刷、如、绒"等字，在兰州、张掖等方言中分别读作唇齿音［pf、pfʰ、f、v］。

要解决这个难点，主要有以下几种方法：

一是要掌握上述声母的正确发音。必须准确掌握它们的发音部位，如练习zh、ch、sh的发音时，记住舌尖要上翘接触硬腭前部，软腭上升堵塞鼻腔通路，声带不颤动，较强的气流把舌尖阻碍冲开形成一条窄缝并从中挤出成声，人们通常把这组声母叫作"翘舌音"。练习z、c、s的发音时，记住舌尖要平伸接触上齿背，软腭上升堵塞鼻腔通路，声带不颤动，较强的气流把舌尖阻碍冲开形成一条窄缝并从中挤出成声，因此人们把这组声母叫作"平舌音"。

二是要熟记这些声母的常用字，借助汉字形声字声旁进行类推，并熟记一些不能类推的字。例如：

zh　　直—值、植、置、殖

ch　　昌—唱、娼、倡、猖

sh　　申—伸、绅、呻、珅、神、审、婶

z　　　尊—遵、樽、鳟、僔、撙、噂

c　　　萃—翠、粹、啐、淬、瘁、悴、焠、倅

s　　　桑—嗓、搡、颡、磉

三是利用普通话声韵拼合规律来分辨。如声母 zh、ch、sh 可以与韵母 ua、uai、uang 拼合组成音节，但声母 z、c、s 却不能和韵母 ua、uai、uang 构成音节。sh 也不和 ong 构成音节。例如：

zh、ch、sh—ua　　　爪、抓、欻、耍、刷

zh、ch、sh—uai　　　拽、跩、踹、揣、帅、摔

zh、ch、sh—uang　　庄、装、床、闯、双、爽

2. 分辨 n、l 和 [ɳ]

在普通话中，n 和 l 的区别是很明显的，一个是鼻音，一个是边音。但两个音都是浊辅音，发音部位相同，发音近似，因此许多方言区读音相混。在兰银官话里，n 和 l 在有些地方是不分的，或者是部分相混的。例如，在兰州话中"n、l"是两个自由变体，"男、农、怒、牛"与"兰、龙、路、刘"两组的声母 n、l 随便读，不受条件限制，没有辨义作用。在兰银官话的很多方言中，如红古、张掖、酒泉、榆中等地，舌尖中浊鼻音 n 与舌面前浊鼻音 [ɳ] 分而不混，n 与开口呼、合口呼的韵母配合，如"南""脑""怒"；[ɳ] 与齐齿呼、撮口呼的韵母相配合，如"泥""年""牛"。

在 n、l 和 [ɳ] 不分的方言地区，人们学习普通话时，要解决这个难点，主要有以下几种方法：

一是要学会n、l的正确发音，读准音。n和l的发音区别在于n是鼻音，发音时要将舌面伸平，用整个舌尖接触上齿龈，软腭下垂打开鼻腔通路，气流震动声带从鼻腔通过，控制气流必须从鼻腔呼出成声。发l时必须注意舌尖微卷，用舌尖中间部分接触上齿龈，软腭上升堵塞鼻腔的通路，气流震动声带从舌头两边空隙通过，让气流从口腔呼出。

二是要熟记n、l常用字，借助汉字形声字的声旁进行类推。如利用《n、l偏旁类推字表》进行类推，并熟记一些不能类推的字。例如：

n 　　奴—怒、弩、驽

l 　　仑—论、轮、伦、抡、沦

l 　　兰—拦、烂、栏

l 　　利—梨、莉、犁、俐、痢

三是要采取"记少不记多"的办法记忆。普通话中n和l声母的字共有300多个，其中n声母字仅几十个，我们可以用"记少不记多"的方法，记住哪些是n声母的字，其他的就是l声母的字了。记n声母字时，结合前面谈到的"声旁类推法"，只需记住十几个作声旁的n声母代表字就可以了。

四是要利用普通话声韵配合规律帮助记忆。普通话中声母n不与ia、uen韵母相配合，因此韵母是ia、uen的字，其声母一定不是n。例如：

lia 　　俩

lun 　　仑、论、轮、伦、抡、沦、纶

### 3.读准普通话零声母的字

在普通话中，有一些字是直接以元音开头的，如"无""牙""一""雨"等，这样的字我们叫作零声母字。可是在兰银官话中，人们发音时普遍给它们加上了不同的浊擦音声母［v］［z］［ɣ］和浊鼻音声母［ɳ］等。

（1）普通话中没有浊唇齿擦音［v］这个声母，但兰银官话的多地方言中却有［v］这个声母。主要表现在：普通话里以u开头的零声母字，如"我""文""屋""外""伟"等字，在兰银官话中，都会在音节的开头处将u读作［v］。

（2）普通话中没有舌面前浊擦音［z］这个声母，但兰银官话的部分方言中却有［z］这个声母。主要表现在：普通话里单韵母i、ü的零声母字，如"一""衣""雨""玉"等字，在兰银官话部分方言中，都会在音节的开头处加声母［z］。

（3）除了在音节前加［v］和［z］的情况外，兰银官话中还有少数方言在零声母音节前加其他声母的情况。如普通话中没有舌根浊擦音［ɣ］这个声母，但兰银官话的部分方言在开口呼零声母前加了［ɣ］声母，如"二""饿""熬""矮"等字。此外，兰州话中还有舌尖前浊擦音声母［z］，目前调查仅有"娆［z］"字。

（4）兰银官话个别方言中还在以i开头的零声母音节前加上了舌面前浊鼻音［ɳ］，如"牙""硬""眼"等。

要解决上述问题的方法很简单，就是在发音时认真模仿普通话的发音，将零声母音节前所加的声母去掉，读为零声母音节。

## （三）兰银官话方言区学习普通话声母的辨正训练

1.舌尖前音（平舌音）z、c、s的训练

| z—c | 字—次 | 匝—擦 | 灾—猜 | 做—错 | 最—脆 | 澡—草 |
| z—s | 杂—撒 | 怎—森 | 最—岁 | 遵—孙 | 总—怂 | 再—塞 |
| c—s | 此—死 | 菜—塞 | 脆—遂 | 曾—僧 | 存—笋 | 葱—松 |

| z—z | 造字 | 最早 | 总则 | 藏族 | 自尊 | 宗族 | 自在 |
|---|---|---|---|---|---|---|---|
| c—c | 粗糙 | 猜测 | 措辞 | 层次 | 摧残 | 仓促 | 苍翠 |
| s—s | 松散 | 色素 | 思索 | 琐碎 | 诉讼 | 洒扫 | 搜索 |
| z—c | 字词 | 早操 | 杂草 | 座次 | 紫菜 | 自测 | 再次 |
| z—s | 赠送 | 杂色 | 总算 | 自私 | 子孙 | 赞颂 | 葬送 |
| c—z | 存在 | 操作 | 村子 | 错字 | 菜籽 | 搓澡 | 操纵 |
| c—s | 粗俗 | 踩碎 | 测算 | 彩色 | 参赛 | 沧桑 | 猝死 |
| s—z | 嗓子 | 所在 | 塑造 | 私自 | 送走 | 算作 | 色泽 |
| s—c | 色彩 | 算错 | 酸菜 | 素材 | 送餐 | 私藏 | 塞擦 |

## 2.舌尖后音（翘舌音）zh、ch、sh、r的训练

| zh—ch | 这—撤 | 支—吃 | 摘—拆 | 站—忏 | 张—昌 | 找—吵 |
|---|---|---|---|---|---|---|
| zh—sh | 皱—瘦 | 扎—沙 | 捉—说 | 真—身 | 装—双 | 斋—筛 |
| zh—r | 转—软 | 住—入 | 枕—忍 | 睁—扔 | 照—绕 | 账—让 |
| ch—sh | 赤—是 | 车—奢 | 岔—煞 | 趁—甚 | 锤—谁 | 畅—上 |
| ch—r | 除—茹 | 斥—日 | 唱—让 | 绰—若 | 澈—热 | 产—染 |
| sh—r | 神—人 | 绳—仍 | 闪—染 | 社—热 | 烁—若 | 税—瑞 |
| zh—zh | 战争 | 珍重 | 主张 | 真正 | 政治 | 执着 | 茁壮 |
| ch—ch | 长城 | 驰骋 | 铲除 | 惆怅 | 传承 | 车程 | 查重 |
| sh—sh | 史诗 | 税收 | 神圣 | 手术 | 少数 | 舒适 | 实施 |
| r—r | 柔软 | 仍然 | 容忍 | 荣辱 | 软弱 | 融入 | 如若 |
| zh—ch | 正常 | 职称 | 战场 | 真诚 | 照常 | 支撑 | 主持 |
| zh—sh | 直爽 | 展示 | 招手 | 正式 | 知识 | 注释 | 证书 |
| zh—r | 主任 | 转让 | 阵容 | 值日 | 招惹 | 沾染 | 招人 |
| ch—zh | 成长 | 朝着 | 充值 | 查找 | 穿着 | 处置 | 城镇 |
| ch—sh | 厨师 | 产生 | 传说 | 充实 | 出生 | 超市 | 阐述 |

| ch—r | 承认 | 出入 | 缠绕 | 耻辱 | 超然 | 趁热 | 成人 |
| sh—zh | 始终 | 树枝 | 实质 | 守住 | 甚至 | 生长 | 手指 |
| sh—ch | 顺车 | 删除 | 市场 | 审查 | 擅长 | 输出 | 生成 |
| sh—r | 胜任 | 生日 | 熟人 | 瘦肉 | 湿润 | 市容 | 摄入 |

3. 舌尖前音（平舌音）z、c、s 与舌尖后音（翘舌音）zh、ch、sh 的辨正练习

| z—zh | 杂—闸 | 则—蛰 | 字—志 | 在—债 | 早—找 | 走—肘 |
| c—ch | 擦—叉 | 册—撤 | 瓷—迟 | 财—豺 | 草—炒 | 仓—猖 |
| s—sh | 萨—厦 | 涩—社 | 塞—晒 | 艘—收 | 嗓—赏 | 素—束 |
| z—zh | 组织 | 作者 | 自助 | 总之 | 最终 | 资质 | 坐着 |
| | 字纸 | 尊重 | 阻止 | 增长 | 赞助 | 杂志 | 做主 |
| | 栽种 | 自转 | 罪状 | 遵照 | 总长 | 坐镇 | 诅咒 |
| | 作战 | 载重 | 总之 | 在职 | 宗旨 | 杂种 | 增值 |
| z—ch | 自筹 | 组成 | 做出 | 资产 | 造成 | 最初 | 嘴唇 |
| z—sh | 早上 | 总是 | 最少 | 暂时 | 组诗 | 自身 | 做事 |
| c—zh | 瓷砖 | 参照 | 词缀 | 财政 | 辞职 | 材质 | 催账 |
| c—ch | 此处 | 财产 | 存储 | 操场 | 促成 | 菜场 | 仓储 |
| | 采茶 | 残喘 | 操持 | 错处 | 磁场 | 草创 | 存查 |
| | 操持 | 存车 | 辞呈 | 擦车 | 残喘 | 催产 | 彩绸 |
| c—sh | 测试 | 丛书 | 措施 | 从事 | 磁石 | 次数 | 此时 |
| s—zh | 苏州 | 素质 | 算账 | 散装 | 锁住 | 扫帚 | 随着 |
| s—ch | 丝绸 | 送出 | 色差 | 赛车 | 俗称 | 随处 | 算出 |
| s—sh | 随时 | 送爽 | 所属 | 损失 | 宿舍 | 死神 | 飒爽 |
| | 唆使 | 丧事 | 扫射 | 松鼠 | 丧失 | 算数 | 死伤 |
| | 损伤 | 苏轼 | 送书 | 随身 | 虽说 | 死守 | 燧石 |

| | | | | | | | |
|---|---|---|---|---|---|---|---|
| | 缩水 | 私事 | 四声 | 琐事 | 私塾 | 四时 | 算是 |
| zh—z | 制作 | 职责 | 追踪 | 准则 | 正宗 | 至尊 | 正在 |
| | 毡子 | 种子 | 振作 | 赈灾 | 铸造 | 沼泽 | 种族 |
| | 转载 | 装载 | 渣滓 | 猪鬃 | 主宰 | 张嘴 | |
| zh—c | 政策 | 致辞 | 逐层 | 制裁 | 注册 | 中层 | 正餐 |
| zh—s | 住宿 | 追溯 | 诊所 | 周岁 | 折算 | 真丝 | 追随 |
| ch—z | 出租 | 插座 | 出资 | 重做 | 乘坐 | 冲澡 | 车载 |
| ch—c | 成词 | 尺寸 | 出错 | 炒菜 | 纯粹 | 吃醋 | 铲草 |
| | 船舱 | 出操 | 初次 | 差错 | 锄草 | 春蚕 | 场次 |
| | 车次 | 冲刺 | 揣测 | 穿刺 | 充磁 | 蠢材 | 储存 |
| | 储藏 | 虫草 | 陈醋 | 川菜 | 纯粹 | 筹措 | 成材 |
| ch—s | 场所 | 车速 | 出色 | 抽丝 | 吃素 | 撤诉 | 传送 |
| sh—z | 身姿 | 梳子 | 擅自 | 识字 | 深造 | 失踪 | 实在 |
| sh—c | 手册 | 实词 | 生存 | 身材 | 收藏 | 蔬菜 | 双层 |
| sh—s | 申诉 | 生死 | 深邃 | 收缩 | 神色 | 食宿 | 手松 |
| | 上色 | 膳宿 | 世俗 | 哨所 | 摔碎 | 伤损 | 上司 |
| | 神似 | 神速 | 栓塞 | 疏散 | 深思 | 誓死 | 输送 |
| | 失色 | 食宿 | 绳索 | 石笋 | 殊死 | 胜似 | 寿司 |

## 4.舌尖中音d、t、n、l的训练

| | | | | | | |
|---|---|---|---|---|---|---|
| d—t | 打—塔 | 低—梯 | 对—退 | 带—太 | 读—图 | 东—通 |
| d—n | 歹—乃 | 地—逆 | 顶—拧 | 达—拿 | 度—怒 | 担—难 |
| d—l | 懂—笼 | 点—脸 | 党—朗 | 读—卢 | 底—里 | 道—涝 |
| t—n | 土—努 | 提—泥 | 谈—南 | 挑—鸟 | 腾—能 | 贴—捏 |
| t—l | 条—聊 | 疼—棱 | 抬—来 | 兔—路 | 套—涝 | 糖—狼 |
| d—d | 单独 | 等待 | 抵挡 | 电灯 | 道德 | 地点 | 调动 |

| | | | | | | |
|---|---|---|---|---|---|---|
| t—t | 谈吐 | 探讨 | 团体 | 淘汰 | 抬头 | 疼痛 | 挑剔 |
| n—n | 牛奶 | 恼怒 | 能耐 | 男女 | 那年 | 农奴 | 呢喃 |
| l—l | 理论 | 流利 | 罗列 | 玲珑 | 来历 | 力量 | 老练 |
| d—t | 独特 | 动态 | 冬天 | 动弹 | 电梯 | 代替 | 地铁 |
| d—n | 电脑 | 当年 | 断奶 | 党内 | 地暖 | 习难 | 大娘 |
| d—l | 锻炼 | 段落 | 登录 | 独立 | 打雷 | 道路 | 单列 |
| t—d | 团队 | 态度 | 特点 | 停顿 | 图典 | 替代 | 土地 |
| t—n | 童年 | 体能 | 头脑 | 推拿 | 甜腻 | 鸵鸟 | 特浓 |
| t—l | 铁路 | 讨论 | 条理 | 套路 | 调料 | 偷懒 | 同类 |
| n—d | 难度 | 年底 | 拿到 | 脑袋 | 拟定 | 内地 | 弄得 |
| n—t | 泥土 | 难题 | 年头 | 农田 | 闹腾 | 逆天 | 内退 |
| l—d | 领导 | 朗读 | 落地 | 来到 | 懒惰 | 灵动 | 两端 |
| l—t | 联通 | 聊天 | 笼统 | 类推 | 楼梯 | 立体 | 雷同 |

## 5.舌尖中鼻音n和舌尖中边音l的辨正练习

| | | | | | | |
|---|---|---|---|---|---|---|
| n—l | 年—连 | 内—类 | 女—吕 | 脑—老 | 努—鲁 | 闹—酪 |
| | 恼—姥 | 男—蓝 | 囊—狼 | 浓—龙 | 能—棱 | 你—里 |
| | 聂—列 | 鸟—了 | 牛—留 | 您—林 | 娘—凉 | 宁—零 |
| | 怒—路 | 诺—落 | 暖—卵 | 内—泪 | 呐—蜡 | 耐—赖 |
| n—l | 能力 | 牛郎 | 努力 | 年龄 | 拿来 | 耐力 | 农历 |
| | 那里 | 农林 | 脑力 | 奴隶 | 奶酪 | 纳凉 | 内陆 |
| | 内乱 | 能力 | 能量 | 逆流 | 年轮 | 凝练 | 尼龙 |
| l—n | 老农 | 老年 | 来年 | 冷暖 | 烂泥 | 累年 | 历年 |
| | 两难 | 流年 | 遛鸟 | 落难 | 辽宁 | 岭南 | 流脑 |
| | 老牛 | 留念 | 烂泥 | 陇南 | 理念 | 凌虐 |

6.零声母音节的辨正练习

（1）开口呼零声母

| 恩爱 | 偶尔 | 安逸 | 熬夜 | 恶意 | 哀怨 | 安稳 | 碍眼 |
| 阿姨 | 额外 | 安慰 | 按语 | 阿谀 | 厄运 | 恩怨 | 讹误 |

（2）齐齿呼零声母

| 压抑 | 营业 | 友谊 | 意义 | 阴影 | 洋溢 | 野营 | 一样 |
| 牙龈 | 肄业 | 谣言 | 医药 | 耀眼 | 演义 | 优雅 | 引言 |

（3）合口呼零声母

| 委婉 | 威望 | 玩味 | 慰问 | 妄为 | 万物 | 忘我 | 威武 |
| 外围 | 文物 | 无畏 | 外文 | 无味 | 维稳 | 无望 | 温婉 |

（4）撮口呼零声母

| 孕育 | 运用 | 踊跃 | 预约 | 愉悦 | 用语 | 云月 | 永远 |

7.声母绕口令训练

### 八百标兵奔北坡

八百标兵奔北坡，

炮兵并排北边跑。

炮兵怕把标兵碰，

标兵怕碰炮兵炮。

### 四是四

四是四，十是十，

十四是十四，

四十是四十。

莫把四字说成十，

休将十字说成四。

若要分清四十和十四，
经常练说四和十。

## 学捏梨

盘里放着一个梨，
桌上放块橡皮泥。
小丽用泥学捏梨，
眼看着梨手捏泥，
真梨假梨差不离。

## 老六放牛

柳林镇有个六号楼，刘老六住在六号楼。

有一天，来了牛老六，牵了六只猴；

来了侯老六，拉了六头牛；

来了仇老六，提了六篓油；

来了尤老六，背了六匹绸。

牛老六、侯老六、仇老六、尤老六，

住上刘老六的六号楼。

半夜里，牛抵猴，猴斗牛，

撞倒了仇老六的油，

油坏了尤老六的绸。

牛老六帮仇老六收起油，

侯老六帮尤老六洗掉绸上油。

拴好牛，看好猴，一同上楼去喝酒。

## 南南有个篮篮

南南有个篮篮，篮篮装着盘盘，

盘盘放着碗碗，碗碗盛着饭饭。

南南翻了篮篮，篮篮扣了盘盘，

盘盘打了碗碗，碗碗撒了饭饭。

## 吃葡萄不吐葡萄皮

青葡萄，紫葡萄，

青葡萄没紫葡萄紫。

吃葡萄不吐葡萄皮，

不吃葡萄倒吐葡萄皮。

若要不吃葡萄非吐皮，

就得先吃葡萄不吐皮。

# 附录一

## n、l代表字类推表

### n

那——nà 那；nǎ 哪；nuó 挪，娜（婀～）

乃——nǎi 乃，奶

奈——nài 奈；nà 捺

南——nán 南，喃，楠，蒴；nǎn 腩，蝻

脑——nǎo 脑，恼，瑙

内——nèi 内；nà 呐，衲，钠；nè 讷

尼——ní 尼，泥，呢；nī 妮

倪——ní 倪，霓

念——niàn 念；niǎn 捻

捏——niē 捏；niè 涅

聂——niè 聂，蹑

宁——níng 宁，拧，咛，狞，柠；nìng 宁（～可），泞

妞——niū 妞；niǔ 扭，纽，钮

农——nóng 农，浓，脓

奴——nú 奴，孥，驽；nǔ 努，弩；nù 怒

诺——nuò 诺；nì 匿

懦——nuò 懦，糯

虐——nüè 虐，疟

l

剌——là 剌，辣，瘌；lǎ 喇（姓）

腊——là 腊，蜡；liè 猎

赖——lài 赖，癞，籁；lǎn 懒

兰——lán 兰，拦，栏；làn 烂

蓝——lán 蓝，篮；làn 滥

览——lǎn 览，揽，缆，榄

劳——láo 劳，痨；lāo 捞；lào 涝

乐——lè 乐；lì 砾

雷——léi 雷，镭；lěi 蕾；lèi 擂

累——lèi 累；luó 骡，螺

里——lǐ 里，理，鲤；lí 厘，狸；liàng 量

利——lì 利，俐，痢，莉，猁；lí 梨，犁，蜊

离——lí 离，篱，璃

立——lì 立，粒，笠；lā 拉，垃，啦

厉——lì厉，励

力——lì力，荔；liè劣；lè勒；lèi肋

历——lì历，沥，呖，枥，雳，坜

连——lián连，莲；liàn链

廉——lián廉，镰，濂

脸——liǎn脸，敛；liàn殓

炼——liàn练，炼

良——liáng良，粮；láng郎，廊，狼，琅，榔，螂；lǎng朗；
　　　làng浪

梁——liáng梁，粱

凉——liáng凉；liàng晾，谅；lüè掠

两——liǎng两，俩（伎~）；liàng辆；liǎ俩

列——liè列，裂，烈；liě咧；lì例

林——lín林，淋，琳，霖；lán婪

鳞——lín鳞，嶙，琳，磷，麟

令——lìng令；líng伶，铃，羚，聆，蛉，零，龄；lǐng岭，领；
　　　lěng冷；lín邻；lián怜

菱——líng菱，凌，陵；léng棱

留——liú留，镏，榴，瘤；liū溜

流——liú流，琉，硫

柳——liǔ柳；liáo聊

龙——lóng龙，咙，聋，笼；lǒng陇，垄，拢

隆——lóng隆，窿，癃

娄——lóu娄，喽，楼；lǒu搂，篓；lǚ缕，屡

卢——lú卢，泸，庐，芦，炉，颅；lú驴

鲁——lǔ鲁，橹；lū撸，噜

- 22 -

录——lù 录，禄，碌；lǜ 绿，氯

鹿——lù 鹿，辘

路——lù 路，鹭，露

仑——lún 仑，伦，沦，轮，囵；lūn 抡；lùn 论

罗——luó 罗，逻，萝，锣，箩，啰

洛——luò 洛，落，络，骆；lào 烙，酪；lüè 略

吕——lǚ 吕，侣，铝；lǘ 闾，榈

虑——lǜ 虑，滤

## 附录二

### z、c、s 和 zh、ch、sh 代表字类推表

#### z

匝——zā 匝；zá 砸

泽——zé 泽，择

卒——zú 卒；zuì 醉

租——zū 租；zǔ 阻，诅，组，祖，俎

兹——zī 兹，滋，嵫，镃，孳

咨——zī 咨，资，姿，恣

淄——zī 淄，辎，缁

子——zǐ 子，仔，籽；zì 字

遭——zāo 遭，糟

澡——zǎo 澡，藻；zào 燥，躁，噪

奏——zòu 奏，揍

作——zuō 作；zuó 昨；zuò 作，祚，柞，酢，岞，怍（惭~）

左——zuǒ 左，佐

坐——zuò 坐，座

赞——zàn 赞，瓒，酂（古地名）；zǎn 攒，趱

曾——zēng 曾，增，缯，憎；zèng 赠，甑

宗——zōng 宗，踪，棕，综，鬃；zòng 粽

尊——zūn 尊，遵，樽，鳟，鐏；zǔn 撙，僔，噂

c

测——cè 测，厕，恻，侧

此——cǐ 此，跐，泚；cī 呲，疵，玼；cí 雌；

慈——cí 慈，磁，糍，鹚

词——cí 词，祠；cì 伺（～候）

次——cì 次，伙；cí 茨，瓷

才——cái 才，材，财

采——cǎi 采，彩，睬，踩；cài 菜

曹——cáo 曹，漕，嘈，槽

错——cuò 错，措；cù 醋

挫——cuò 挫，锉；cuó 矬，痤

崔——cuī 崔，催，摧；cuǐ 璀

萃——cuì 萃，粹，悴，瘁，翠，淬，啐；cù 猝

参——cān 参，骖；cǎn 惨，黪

仓——cāng 仓，沧，伧，苍，舱

从——cóng 从，丛；cōng 苁

淙——cóng 淙，琮，悰

寸——cùn 寸，吋；cūn 村；cǔn 忖，刌

s

斯——sī 斯，撕，嘶，澌，厮

四——sì 四，泗，驷

司——sī 司，sì 饲，伺，嗣

叟——sōu 叟，溲，搜，艘，嗖，馊；sǒu 叟；sǎo 嫂

遂——suí 遂；suì 隧，燧，邃

随——suí 随；suǐ 髓

松——sōng 松，菘，淞，崧，凇

孙——sūn 孙，狲，荪

zh

乍——zhà 乍，炸，榨，诈，蚱

折——zhé 折，哲；zhè 浙

朱——zhū 朱，珠，株，蛛，诛

者——zhě 者；zhū 猪，诸；zhǔ 煮，zhù 著，箸

主——zhǔ 主，拄；zhù 住，注，蛀，柱，驻

支——zhī 支，肢，枝，吱

知——zhī 知，蜘；zhì 智

直——zhí 直，值，植，殖；zhì 置

执——zhí 执，絷；zhì 挚，贽，鸷

止——zhǐ 止，址，趾，芷，祉

只——zhī 只，织；zhí 职；zhǐ 枳，咫，趾；zhì 帜

旨——zhǐ 旨，指，酯；zhī 脂

至——zhì 至，致，桎，窒；zhí 侄

召——zhào 召，诏，照；zhāo 招，昭；zhǎo 沼

爪——zhuǎ 爪；zhuā 抓

占——zhān 占（～卜），粘（～贴），沾，毡；zhàn 站，战

真——zhēn 真；zhěn 缜；zhèn 镇

贞——zhēn 贞，侦，浈，祯

振——zhèn 振，赈，震

章——zhāng 章，彰，樟，獐，璋，蟑；zhàng 障，瘴，嶂，幛

长——zhǎng 长（成～），涨；zhāng 张；zhàng 账，胀

丈——zhàng 丈，仗，杖

正——zhēng 正（～月），征；zhěng 整；zhèng 怔（发～），政，症，证

争——zhēng 争，睁，峥，铮，狰，筝；zhèng 挣

中——zhōng 中，衷，忠，钟，盅；zhǒng 肿；zhòng 种（～植），仲

专——zhuān 专，砖；zhuàn 转（～圈子），传（自～）

## ch

叉——chā 叉（刀～）；chǎ 衩（裤～儿）；chà 杈（树～子）

厨——chú 厨，橱，蹰

朝——cháo 朝，潮，嘲

垂——chuí 垂，锤，棰，捶，陲

产——chǎn 产，铲，浐

辰——chén 辰，晨，宸；chún 唇

昌——chāng 昌，猖，菖，娼，鲳；chàng 倡，唱

长——cháng 长（～短），苌；chāng 伥；chàng 怅

敞——chǎng 敞，氅，惝（～恍）；cháng 徜

成——chéng 成，城，诚，盛（～饭）

呈——chéng 呈，程，醒；chěng 逞

春——chūn 春，椿；chǔn 蠢

sh

沙——shā 沙，纱，痧，鲨，砂

梳——shū 梳，蔬，疏

叔——shū 叔，淑，菽

师——shī 师，狮，狮

施——shī 施，葹

式——shì 式，试，弑，轼

受——shòu 受，授，绶

善——shàn 善，膳，缮，蟮

申——shēn 申，伸，绅，呻；shén 神；shěn 审，婶

尚——shàng 尚；shǎng 赏；shang 裳（衣～）

生——shēng 生，牲，甥，笙

## 二、韵母

### （一）兰银官话韵母的特点及其与普通话韵母的区别

普通话韵母有 39 个，兰银官话的韵母一般在 29—34 个之间。与普通话相比，兰银官话韵母的主要语音特点是：①韵母中无 o 韵母。②u 不能单独构成音节。③复元音韵母有单元音化现象。④前鼻音韵母多归入后鼻音韵母，部分地方后鼻音韵母归入前鼻音韵母。⑤兰银官话多地方言中单韵母 i、u、y 发音时存在一定程度的摩擦或者唇齿化现象。韵母 u 与声母 b、p、m、f、d、t、j、q、x 相拼时，带有唇齿摩擦特征。⑥部分方言 an 组韵母主要元音有鼻化现象。

### （二）兰银官话方言区学习普通话韵母的重点和难点

兰银官话中的韵母与普通话中的韵母不完全一致。在学习普通话

的过程中，我们一方面要读准普通话的韵母，另一方面也要学会分辨本地方言韵母与普通话韵母之间的差异，通过反复练习来纠正自己的发音。

兰银官话中的韵母构成情况各有细微差异，难以逐一列出。针对兰银官话韵母的特点，下面仅就本方言区人学习普通话时容易相混的韵母及难点问题进行比较和分析，并提供一些辨别和纠正的方法。

### 1. 分辨鼻音韵尾 n 和 ng

在普通话中，鼻音韵尾 n 和 ng 的区别是非常明显的，an 和 ang，en 和 eng，in 和 ing，ian 和 iang，uan 和 uang，uen 和 ueng（ong），ün 和 iong 这几组音节是不会混淆的，但在兰银官话中，前鼻音韵母多归入后鼻音韵母，如河西片、银吴片、北疆片中的绝大部分方言中，将前鼻音韵母 en、in、uen、ün 全部归入了相对应的后鼻音韵母 eng、ing、ueng、iong；还有部分地方将后鼻音韵母归入前鼻音韵母，即将后鼻音韵母 eng、ing、ueng、iong 归入了相对应的前鼻音韵母 en、in、uen、ün。极个别地方如武威地区，将 an、ian、uan、üan 归入了 ang、iang、uang、üang。于是，则将"陈旧"读作"成就"，"亲近"读作"清静"，"金银"读作"经营"，"船上"读作"床上"。

要解决这个难点，主要有以下几种方法：

第一，要掌握前后鼻音韵尾的不同发音方法。即以 n 结尾的前鼻韵母收音时，舌尖要抵住上齿龈，软腭下降，打开鼻腔通路，气流由鼻腔通过；以 ng 结尾的后鼻韵母收音时，舌根要隆起，抵住软腭，气流由鼻腔通过。所以 n 和 ng 二者的发音部位是不一样的。

第二，利用形声字偏旁类推法，记住普通话里哪些字属于n韵尾，哪些字属于ng韵尾。例如：

en      分—份、粉、芬、纷、汾、酚、忿、吩

in      宾—滨、槟、缤、殡、镔、膑

uen      屯—顿、吨、炖、钝、盹、沌

ün      云—运、芸、耘、纭、酝

eng      正—证、整、政、症、征、怔

ing      平—萍、评、苹、坪、枰

ueng      翁—嗡、螉、滃、塕、瓮

ong      龙—聋、陇、笼、珑、拢、垅

iong      甬—勇、涌、蛹、俑、踊

第三，可以根据普通话的声韵配合规律来帮助记忆。可以记住以下几条规律：

①普通话声母d、t、n、l，除了"扽（dèn）、嫩、恁（nèn）"外，都不与韵母en相拼，因此，下列各字的韵母都是eng。例如：

deng    灯、登、等、邓、凳、镫、澄

teng    疼、誊、藤、腾

neng    能

leng    棱，冷、楞

②普通话声母d、t、n，除了"您nín"字外，都不与韵母in相拼，因此，下列各字的韵母都是ing。例如：

ding    丁、叮、盯、钉、顶、鼎、定、锭、订

ting    听、汀、厅、亭、停、庭、蜓、挺

ning    宁、拧、狞、凝、泞、佞

③普通话声母z、c、s和en、eng组成音节的，只有"怎、岑、森、参（cēn）"等少数几个字的韵母是en，其余的韵母都是eng。例如：

| zeng | 曾、增、赠、憎、甑 |
| ceng | 层、曾、蹭、嶒、噌 |
| seng | 僧、鬙 |

### 2.分辨韵母o和e

在普通话中，o和e是两个不同的单元音韵母。普通话中韵母o除了在"哦、噢"等叹词中自成音节外，只与声母b、p、m、f相拼，与其他声母不相拼；而普通话韵母e则相反，除了轻声音节"me"之外，一般不与唇音声母相拼。兰银官话韵母中无o韵母，声母b、p、m、f与韵母e配合。要区别韵母o与e发音的不同：o是圆唇音，发音时舌头后缩，唇形拢圆，软腭上升堵塞鼻腔通路，声带颤动，让气流从口腔通过；而e的发音则是唇形自然展开，软腭上升堵塞鼻腔通路，声带颤动，让气流从口腔通过。所以，韵母o与e发音的不同，主要是唇形圆展的不同。声母b、p、m、f与韵母o相拼时，一定要注意唇形拢圆发音。例如：

| bo | 波、拨、薄、伯、剥、脖、博、鹁 |
| po | 破、婆、坡、泼、颇、迫、魄、珀 |
| mo | 莫、墨、磨、抹、魔、膜、摩、末 |
| fo | 佛 |

### 3.读准合口呼零声母字

普通话中的合口呼零声母字在兰银官话中读为[v]声母字，零声母中只有开口呼、齐齿呼、撮口呼，没有合口呼。其中，零声母u韵母字在兰银官话多地方言中读作vu。学习普通话时，合口呼零声母的字一定要注意发音时双唇自然拢圆，上齿不要触碰下唇。

普通话合口呼零声母音节共有以下9个，例如：

u　　兀、屋、无、五、物、吴、午、舞、捂
ua　　娃、挖、哇、娲、瓦、袜、蛙、洼、凹
uo　　我、窝、喔、握、卧、沃、涡、倭、蜗
uai　　外、歪、崴、㖞
uei　　为、未、维、魏、谓、尾、微、味、卫
uan　　完、万、晚、玩、婉、碗、弯、丸、宛
uen　　文、问、温、雯、稳、闻、纹、蚊、吻
uang　　王、往、旺、忘、网、望、亡、妄、罔
ueng　　翁、嗡、瓮、蓊、蕹

4.注意复元音韵母的动程问题

复元音韵母在发音过程中，其唇形和舌位都是有变化的，这种变化是从一个元音到另一个元音的发音过程。这种唇形的开合圆展、舌位的高低前后等滑动变化过程，叫作“动程”。在兰银官话中，复元音韵母的发音存在复元音韵母单元音化和动程不足等现象。

有些地区将ao、iao、ai、uai读作［ɔ］［iɔ］［ε］［uε］。要解决此类问题，则需要在发音时注意舌位的高低前后及唇形的圆展都要到位。如ao的发音，舌位要从低升到半高，唇形由展变为圆，形成一定的动程。ai的发音，舌位要从低升到高，唇形不变，形成一定的动程。例如：

ao　　敖、奥、嗷、熬、傲、澳、袄、坳、嫯
iao　　妖、腰、幺、姚、摇、咬、要、耀、药
ai　　爱、矮、霭、唉、碍、挨、艾、哀、癌
uai　　外、歪、崴、㖞

## （三）兰银官话方言区学习普通话韵母的辨正训练

1.n、ng 对比练习

| an—ang | 鞍—昂 | 班—邦 | 磐—旁 | 蓝—廊 | 肝—钢 |
|---|---|---|---|---|---|
| | 寒—航 | 站—帐 | 产—厂 | 衫—商 | 染—嚷 |
| | 簪—脏 | 参—仓 | | | |
| ian—iang | 烟—秧 | 沿—羊 | 眼—养 | 年—娘 | 联—粮 |
| | 尖—江 | 千—腔 | 念—酿 | 脸—两 | 见—酱 |
| | 浅—抢 | 牵—枪 | | | |
| uan—uang | 弯—汪 | 官—光 | 宽—筐 | 欢—慌 | 专—装 |
| | 川—窗 | 栓—双 | 万—望 | 惯—逛 | 幻—晃 |
| | 赚—壮 | 喘—闯 | | | |
| en—eng | 奔—崩 | 门—檬 | 芬—蜂 | 嫩—能 | 跟—羹 |
| | 针—睁 | 晨—程 | 身—声 | 人—仍 | 怎—增 |
| | 岑—层 | 森—僧 | | | |
| in—ing | 彬—兵 | 贫—平 | 民—名 | 您—狞 | 林—零 |
| | 进—竟 | 新—星 | 亲—清 | 因—英 | 今—惊 |
| | 膑—病 | 勤—晴 | | | |
| uen—ueng（ong） | 温—翁 | 吨—冬 | 吞—通 | 轮—笼 | 滚—拱 |
| | 昆—空 | 昏—轰 | 准—肿 | 春—冲 | 轮—龙 |
| | 豚—同 | 魂—红 | | | |
| ün—iong | 晕—拥 | 君—窘 | 裙—穷 | 熏—胸 | 允—永 |
| | 韵—用 | 云—颙 | 寻—雄 | 均—扃 | 运—佣 |
| | 陨—涌 | 询—熊 | | | |
| an—ang | 反问—访问 | 丹心—当心 | 烦人—防人 | | |
| | 烂漫—浪漫 | 产房—厂房 | 竿子—缸子 | | |
| | 赞颂—葬送 | 开饭—开放 | | | |

| en—eng | 申明—声明 | 真诚—征程 | 绅士—声势 |
| 真挚—正直 | 人参—人生 | 气氛—气疯 |
| 清真—清蒸 | 三根—三更 | |

| in—ing | 亲信—轻信 | 金银—晶莹 | 亲身—轻声 |
| 林立—凌厉 | 频繁—平凡 | 金质—精致 |
| 引子—影子 | 人民—人名 | |

| ian—iang | 坚硬—僵硬 | 鲜花—香花 | 险象—想象 |
| 简历—奖励 | 前线—强项 | 老年—老娘 |
| 实验—式样 | 大连—大量 | |

| uan—uang | 官宦—光环 | 惋惜—往昔 | 专车—装车 |
| 弯道—王道 | 一万—遗忘 | 木船—木床 |
| 鸡冠—激光 | 手腕—守望 | |

| uen—<br>ueng（ong） | 村前—从前 | 春风—冲锋 | 吞并—通病 |
| 轮子—聋子 | 炖肉—冻肉 | 唇膏—崇高 |
| 村头—葱头 | 余温—渔翁 | |

| ün—iong | 运费—用费 | 晕车—用车 | 因循—英雄 |
| 人群—人穷 | | |

| an—ang | 担当 | 班长 | 繁忙 | 山上 | 站岗 |
| 男方 | 反抗 | 安放 | 半晌 | 盼望 |

| ang—an | 荡然 | 傍晚 | 长叹 | 账单 | 访谈 |
| 伤感 | 长衫 | 钢板 | 上班 | 抗旱 |

| en—eng | 真诚 | 本能 | 认生 | 文风 | 深耕 |
| 仁政 | 奔腾 | 纷争 | 真正 | 人称 |

| eng—en | 风尘 | 缝纫 | 成人 | 城镇 | 能人 |
| 憎恨 | 横亘 | 正门 | 生辰 | 胜任 |

| in—ing | 心情 | 亲情 | 新颖 | 品行 | 聘请 |

| | | | | | |
|---|---|---|---|---|---|
| | 临行 | 引领 | 进行 | 金星 | 拼命 |
| ing—in | 灵敏 | 听信 | 平民 | 领巾 | 清新 |
| | 精心 | 定亲 | 病因 | 迎新 | 并进 |
| ian—iang | 险象 | 健将 | 点将 | 坚强 | 变相 |
| | 勉强 | 联想 | 艳阳 | 牵强 | 绵阳 |
| iang—ian | 讲演 | 乡间 | 想念 | 两边 | 抢险 |
| | 亮点 | 扬言 | 样片 | 江边 | 向前 |
| uan—uang | 晚霜 | 万状 | 短装 | 软床 | 乱闯 |
| | 关窗 | 短装 | 管状 | 观光 | 宽广 |
| uang—uan | 王冠 | 光环 | 狂欢 | 慌乱 | 装船 |
| | 撞断 | 撞弯 | 壮观 | 双关 | 皇冠 |
| uen—ueng | 稳重 | 顺从 | 滚动 | 昆虫 | 滚筒 |
| （ong） | 混同 | 尊重 | 纯种 | 蚊虫 | 轮空 |
| ueng（ong） | 通婚 | 农村 | 中文 | 重孙 | 冬春 |
| —uen | 通顺 | 公文 | 仲春 | 红润 | 共存 |
| ün—iong | 运用 | 军用 | 群雄 | 云涌 | 驯熊 |
| iong—ün | 拥军 | 凶运 | 雄军 | | |

## 2.复元音韵母练习

| | | | | | | |
|---|---|---|---|---|---|---|
| ai | 白菜 | 海带 | 买卖 | 彩带 | 再来 | 淮海 | 灾害 |
| ei | 配备 | 北美 | 黑莓 | 妹妹 | 肥美 | 蓓蕾 | 飞贼 |
| ao | 高潮 | 报道 | 吵闹 | 牢靠 | 犒劳 | 号召 | 绕道 |
| ou | 后楼 | 收购 | 漏斗 | 守候 | 兜售 | 后头 | 口授 |
| ia | 压价 | 加价 | 下家 | 掐架 | 下压 | 加压 | 假牙 |
| ie | 结业 | 贴切 | 趔趄 | 姐姐 | 歇业 | 结节 | 斜切 |
| ua | 挂画 | 要滑 | 娃娃 | 花袜 | 抓花 | 刮花 | |

| uo | 过错 | 脱落 | 懦弱 | 着落 | 骆驼 | 阔绰 |
|---|---|---|---|---|---|---|
| üe | 雀跃 | 绝学 | 缺略 | 月缺 | 掘穴 | 雪月 |
| iao | 调料 | 吊销 | 娇小 | 巧妙 | 飘摇 | 叫嚣 |
| iou | 绣球 | 优秀 | 久留 | 求救 | 修旧 | 悠久 |
| uai | 外快 | 怀揣 | 摔坏 | 外踝 | 快快 | 乖乖 |
| uei | 归队 | 追随 | 回味 | 魁伟 | 水位 | 愧对 |

## 3.韵母绕口令训练

### 喇嘛和哑巴

打南边来了个喇嘛，手里提拉着五斤鳎（tǎ）目。

打北边来了个哑巴，腰里别着个喇叭。

南边提拉着鳎目的喇嘛要拿鳎目换北边哑巴别着的喇叭。

哑巴不愿意拿喇叭换喇嘛的鳎目，

喇嘛非要换别喇叭哑巴的喇叭。

喇嘛抡起鳎目抽了别喇叭哑巴一鳎目，

哑巴摘下喇叭打了提拉着鳎目的喇嘛一喇叭。

也不知是提拉着鳎目的喇嘛抽了别喇叭哑巴一鳎目，

还是别喇叭哑巴打了提拉着鳎目的喇嘛一喇叭。

喇嘛炖鳎目，哑巴嘀嘀嗒嗒吹喇叭。

### 鹅过河

哥哥弟弟坡前坐，

坡上卧着一只鹅，

坡下流着一条河。

哥哥说：宽宽的河。

弟弟说：白白的鹅。

鹅要过河，

河要渡鹅。

不知是鹅过河，

还是河渡鹅。

## 捉　　兔

一位爷爷他姓顾，

上街打醋又买布。

买了布，打了醋，

回头看见鹰抓兔。

放下布，搁下醋，

上前去追鹰和兔，

飞了鹰，跑了兔。

打翻醋，醋湿布。

## 板凳与扁担

板凳宽，扁担长。

扁担没有板凳宽，

板凳没有扁担长。

扁担绑在板凳上，

板凳不让扁担绑在板凳上，

扁担偏要扁担绑在板凳上。

## 羊和狼

东边来了一只小山羊，

西边来了一只大灰狼，

一起走到小桥上。

小山羊不让大灰狼，

大灰狼不让小山羊。

小山羊叫大灰狼让小山羊，

大灰狼叫小山羊让大灰狼。

羊不让狼，

狼不让羊，

扑通一起掉到河中央。

### 粉红墙上画凤凰

粉红墙上画凤凰，凤凰画在粉红墙。

红凤凰、粉凤凰，红粉凤凰、花凤凰。

红凤凰，黄凤凰，红粉凤凰，粉红凤凰，花凤凰。

### 墙上一根钉

墙上一根钉，钉上挂条绳，

绳下吊个瓶，瓶下放盏灯。

掉下墙上钉，脱掉钉上绳。

滑落绳下瓶，打碎瓶下灯。

瓶打灯，灯打瓶，

瓶说灯，灯骂绳，

瓶说绳，绳说钉。

叮叮当当当当叮，

乒乒乓乓乒乒乒。

## 附录一

# an与ang辨音字表

（例字前的①②③④代表阴平、阳平、上声、去声，后同）

## an

b ①班斑瘢颁般搬扳③版板钣④半伴拌绊办扮瓣

p ①攀潘②盘磐蟠爿蹒④盼判叛襻

m ①颟②瞒（欺～）蛮馒埋（～怨）③满螨④曼慢蔓谩鳗漫

f ①番翻幡蕃藩帆②凡矾钒繁蘩烦樊③反返

d ①丹担（～当）眈耽单箪殚郸③胆掸④旦但担（～子）蛋淡氮诞惮弹澹

t ①滩摊瘫贪坍②弹坛昙谈痰覃谭潭檀③袒坦忐④叹探炭碳

n ②南喃楠难（困～）男③赧④难（灾～）

l ②兰栏拦蓝篮褴阑谰澜岚婪③懒览揽缆④烂滥

z ①簪糌②咱③昝攒（积～）趱④暂赞

c ①参（～加）餐②蚕残惭③惨④灿璨粲

s ①三叁③伞散（～文）馓④散（～会）

zh ①沾詹粘毡③展盏斩崭辗④占站战栈湛绽颤（～栗）蘸

ch ①搀掺②缠蝉婵禅（参～）谗馋屠③产铲谄阐④忏颤（～动）

sh ①山舢衫杉删姗珊跚扇（～风）煽苫（草～子）膻潸芟③闪陕④汕讪疝禅（～让）嬗擅扇（～子）骟善膳缮鳝赡苫（～布）

r ②然燃髯③冉苒染

g ①甘柑干（～戈）肝竿杆（～子）尴③赶秆杆（枪～）感敢橄擀④干（～部）赣

k ①看（～门）堪戡勘刊③砍坎槛侃④看（～病）瞰

h ①酣憨鼾②含晗寒韩函涵邯③喊罕④汗汉旱悍焊菡颔翰瀚撼憾

Ø ①安鞍氨桉庵鹌谙③俺④按案岸暗黯

<h3 style="text-align:center">ang</h3>

b ①邦帮梆③绑榜（张~）④傍磅（~秤）谤蚌棒

p ①乓滂膀（~肿）②旁磅（~礴）螃庞④胖

m ②忙芒盲茫氓（流~）③莽蟒

f ①方芳坊（书~）②房防妨坊（作~）③纺访仿④放

d ①当（相~）裆③党挡（拦~）④当（恰~）挡档（搭~）荡砀宕（跌~）

t ①趟汤②唐糖塘螳搪堂膛棠③躺淌傥④趟烫

n ①囔②囊馕（名词，一种烤制成的面饼）③攮曩馕（动词，拼命往嘴里塞食物）

l ②狼琅锒郎廊榔螂③朗④浪

z ①脏（~衣服）赃臧④葬藏（宝~）脏（心~）

c ①仓沧舱苍②藏（隐~）

s ①桑丧（~事）③嗓搡④丧（~失）

zh ①章樟獐蟑彰③长（增~）涨（~潮）掌④丈仗杖帐账胀瘴障涨（头昏脑~）

ch ①昌倡（~优）猖伥娼鲳②长（~短）常嫦尝偿肠徜③厂场敞氅昶④唱畅怅倡（~议）

sh ①伤商墒殇③上（~声）赏晌垧④上（~下）尚绱

r ②瓤穰禳③嚷壤攘④让

g ①冈刚钢纲肛缸罡③港岗④杠（顶门~）

k ①康慷糠②扛（~枪）④亢炕抗伉

h ①夯②行（～列）航杭④巷（～道）

ø ①肮②昂④盎

# 附录二

## en与eng辨音字表

### en

b ①奔（～跑）③本④奔（投～）笨

p ①喷②盆

m ①闷（～热）②门们④闷（～得慌）懑

f ①分（～开）芬纷吩②坟焚汾③粉④分（本～）份忿氛愤奋

d ④扽

n ④嫩

z ③怎

c ①参（～差不齐）②岑

s ①森

zh ①真针斟珍砧臻甄箴贞侦祯榛③枕疹诊缜④阵镇鸩朕震振赈圳

ch ①嗔琛②辰晨臣尘沉陈忱③磣④趁衬称（～心）谶（～语）

sh ①身深申伸绅砷呻参（人～）椮（玉米～儿）娠②什（～么）神③审沈婶④渗肾慎蜃甚

r ②人仁任（～县）③忍荏④认刃纫仞轫韧妊任（信～）

g ①跟根④亘

k ③肯啃恳垦④裉掯

h ②痕③很狠④恨

ø ①恩④摁

eng

b　①崩嘣绷②甭④蹦迸泵

p　①烹抨怦②棚朋鹏蓬彭硼膨澎篷③捧④碰

m　①蒙（～骗）②盟萌氓（古代称百姓）蒙（启～）朦檬③猛锰蜢蒙（～古）④孟梦

f　①风枫疯封蜂峰锋烽丰②逢缝（～补）冯③讽④奉俸缝（～隙）凤

d　①灯登蹬③等④邓瞪凳澄（把水～清）

t　①熥薹②疼腾藤誊滕

n　②能

l　②棱楞③冷④愣

z　①曾（～祖）增缯憎④赠锃甑

c　②曾（～经）层④蹭

s　①僧

zh　①正（～月）征争睁狰挣蒸峥铮筝怔（～忡）③整拯④正（～确）怔（～～地站着）证政症郑诤

ch　①撑称瞠铛柽②成盛（～饭）诚城呈程惩丞橙澄（～清）承乘③逞骋④秤

sh　①声升生甥牲笙②绳③省（～会）④剩胜盛（茂～）圣

r　①扔②仍

g　①耕更（～改）庚③耿梗埂哽④更（～好）

k　①坑吭铿

h　①亨哼②行（道～）恒衡蘅桁珩横（纵～）④横（蛮～）

## 附录三

### in 与 ing 辨音字表

#### in

b ①宾滨缤槟（～子村）濒豳斌④殡膑鬓

p ①姘②贫频颦嫔③品④牝聘

m ②民岷缗③敏皿闵悯

n ②您

l ①拎②林淋琳霖邻磷辚粼鳞嶙麟临③凛廪檩④赁吝蔺躏

j ①斤今衿矜金筋津巾襟③仅尽（～里头）紧锦谨槿瑾堇④进近尽（～心～力）烬荩劲禁浸晋缙妗觐靳

q ①亲（～热）侵钦衾②琴勤秦芹禽擒③寝④沁

x ①新心欣芯薪辛锌馨歆鑫④衅信

ø ①茵姻氤音喑阴殷②寅夤吟银垠龈淫③引饮尹隐瘾蚓④印窨（地～子）荫（封妻～子）

#### ing

b ①兵冰槟（～榔）③丙柄炳屏（～弃）饼秉禀④并病

p ①乒娉②平评萍苹坪枰凭瓶屏（～蔽）

m ②鸣名铭茗明冥溟暝螟③酩④命

d ①丁钉（～子）叮仃盯③顶鼎酊④定锭订钉（～扣子）

t ①听厅汀②亭停婷廷庭蜓霆③挺艇

n ②宁狞柠拧（～绳子）咛凝③拧（～不开）④佞宁泞拧（脾气～）

l ②零铃玲伶囹瓴蛉龄聆翎灵凌鲮陵菱绫棱③领岭④令另

j ①京惊鲸精晴菁茎经晶荆兢粳③景警颈井憬儆④竟镜竞境净径靖敬静劲胫痉

q ①轻氢青清蜻倾卿②情晴擎③顷请④庆磬馨亲（～家）

x ①星腥猩惺兴（～盛）②行（～动）形型刑邢③醒省（～悟）擤④性姓杏兴（高～）幸悻

ø ①英应（～该）婴樱缨鹦罂莺鹰膺②迎蝇莹萤荧营萦潆赢盈楹③影颖④应（反～）硬映

# 附录四

## uen与ong（ueng）辨音字表

### uen

d ①吨（一～煤）蹲敦墩③盹迍④盾遁顿炖钝囤（粮食～）

t ①吞②屯臀囤（～货）豚④褪（把手～在袖子里）

l ①抡（～刀）②仑轮伦沦纶（锦～）囵④论

z ①尊遵樽

c ①村皴②存③忖④寸

s ①孙狲飧③损笋榫

zh ③准

ch ①春椿②唇纯醇淳鹑③蠢

sh ③吮④顺瞬舜

r ④闰润

g ③滚辊磙④棍

k ①坤昆琨鲲髡③捆悃④困

h ①昏婚阍荤②魂浑馄④混诨

ø ①温瘟②文蚊纹闻③稳紊吻刎④问

ong（ueng）

d　①东冬③董懂④动冻栋恫洞

t　①通②同铜桐童潼彤③筒桶捅统④痛恸

n　②农浓脓④弄（玩～）

l　①隆（轰～）②龙笼聋咙珑隆窿栊③垄陇笼④弄（～堂）

z　①宗棕综踪鬃③总④纵粽

c　①聪匆葱囱璁②琮淙从丛

s　①松忪（惺～）嵩③悚竦耸怂④送宋诵颂讼

zh　①中（～国）钟忠盅衷螽忪（怔～）终③踵肿种（品～）冢④中（～肯）重（～量）种（～庄稼）众仲

ch　①冲（～淡）充春忡憧②虫重（～复）崇③宠④冲（～南的大门）铳

r　②容溶熔蓉榕戎绒荣嵘茸融③冗

g　①工功攻公蚣弓躬供（～给）恭宫觥龚③拱巩汞④共供（～奉）贡

k　①空（～洞）崆箜③孔恐④空（～格）控

h　①轰哄（～笑）烘訇②红虹宏洪鸿薨（雪里～）弘泓③哄（～骗）④讧哄（起～）

ø　①翁嗡③蓊④瓮

## 附录五

### ün与iong辨音字表

ün

j　①军君菌均钧鲣④俊峻竣骏浚（疏～）郡

q　①逡②群裙

x　①熏醺曛勋②旬询荀循巡寻浔鲟④迅讯训驯徇殉逊

Ø　①晕（～头转向）②匀云耘芸纭③允陨殒④韵孕愠蕴运酝熨晕（～车）

iong

j　③窘炯迥

q　②穷琼茕穹跫

x　①凶汹匈胸兄②雄熊

Ø　①拥佣庸慵雍壅③永咏泳甬勇恿涌蛹踊俑④用

## 附录六

o、e同韵字表

o

b　①玻波菠饽播拨剥（～削）钵②伯箔舶勃渤脖博膊薄（～弱）驳帛③跛簸（～米）④簸（～箕）薄（～荷）

p　①坡颇泼朴（～刀）②婆③巨④破迫（强～）珀粕魄（气～）

m　①摸②馍模膜摹磨（～合）蘑魔③抹（～黑）④磨（～面）末沫抹（～墙）茉陌莫寞默没殁

f　②佛

o　①噢②哦（表示疑问）④哦（表示领会、醒悟）

e

d　②得德

t　④特忒忑

n　②哪（～吒）④讷

l ①肋（～脏）④乐（快～）勒（～令）

g ①戈哥歌搁胳疙割鸽②格蛤（～蜊）革膈葛（～布）骼③葛（姓）④个各铬

k ①科蝌苛柯棵颗磕瞌②咳壳③可渴④课克刻客恪

h ①喝②禾和河荷合核貉（一丘之～）涸盒劾阂④贺赫褐鹤吓喝（～采）壑

zh ①遮②折哲蛰辙辄磔谪③者赭褶④蔗这浙

ch ①车③扯④彻撤澈掣

sh ①奢赊②舌蛇折③舍（施～）④射麝社舍（宿～）赦设涉摄慑

r ③惹④热

z ②则择泽责④仄

c ④侧厕测策册

s ④色（颜～）涩瑟塞（～责）啬穑铯

o ①阿（～谀）②讹蛾俄鹅额③恶（～心）④饿恶（丑～）噩遏厄扼轭鄂腭鳄

## 三、声调

### （一）兰银官话声调的特点及其与普通话声调的区别

普通话的声调有阴平（55）、阳平（35）、上声（214）、去声（51）四种调类，调型分别为平调、升调、曲折调、降调，四种声调的异同清楚明了。声调的变化是以古声母的清浊为依据的。普通话的古平声字根据清浊的不同分化为阴平和阳平两个声调；古上声的清声母字和次浊声母字今仍读上声调，古上声的全浊声母字和古去声字今与去声读音相同；古入声的清声母字分别归入阴平、阳平、上声、去声四种调类；古入声次浊声母字归入去声调；古入声全浊声母字归入阳平调。

与普通话相比较，兰银官话最重要的特点之一是大多数地区为三个声调，无论是调类上，还是调型上，都有着较大的一致性。兰银官话的古平声字仍依据清浊分化为阴平和阳平两个声调；而古上声的清声母字和次浊声母字今读音和阳平同调，古上声的全浊声母字和古去声字今读音相同；古入声的清音声母字和次浊声母字今读去声，古全浊声母的入声字一部分今读阳平，一部分今读去声。如金城片、河西片和北疆片中全浊声母入声字在三个调类的方言中读平声，在四个调类的方言中读阳平，少数字归去声。银吴片的古入声的全浊声母字部分归阳平，大部分归去声；盐池县则是少部分古入声的全浊声母字归去声，多数字归阳平。在三个调类的方言中，银吴片的银川市、永宁县、贺兰县、石嘴山市、平罗县、吴忠市、青铜峡市、同心县、灵武市、中卫市、中宁县和河西片的酒泉市、嘉峪关市、玉门市、金昌市、张掖市、金塔县、瓜州县、山丹县、民乐县、高台县、临泽县、肃南县、永昌县、武威市、敦煌市（河西）等地阳平与上声不分，只有阴平、上声（阳平上）、去声三个调；古浪县、天祝藏族自治县等地阴平和上声合并，有阳平、上声（阴平上）、去声三个调。兰州市、白银市、榆中县、民勤县、盐池县等地有阴平、阳平、上声、去声四个调。北疆片声调内部的一致性很强，分类也很整齐，阳平与上声不分，都是三个声调。因此，正是由于古声母清浊变化的一致性促成了兰银官话三个声调方言调类的一致性。

## （二）兰银官话方言区学习普通话声调的重点和难点

跟普通话的声调的调值相比较，兰银官话的调值存在平调音高上不去（普遍为44调）、全降调降得不彻底（普遍为53调）以及升调升不上去（普遍为13调或24调）的情况。跟普通话声调的调类相比较，兰银官话方言区的一些地区调类存在阴平与阳平、阴平与上声、阳平与上声不分的现象。因此兰银官话方言区的人在学习普通话的过程中要重点注意和解决以下的问题，读准普通话的声调。例如：

阴平（55调）的字要读得高而平。

| 阴平（55调） | 山 | 川 | 天 | 窗 | 官 | 桌 |
| --- | --- | --- | --- | --- | --- | --- |
| | 衣 | 吃 | 包 | 宽 | 加 | 教（～书） |
| | 高 | 飞 | 空 | 思 | 公 | 喝（～水） |
| | 姑 | 招 | 期 | 欢 | 花 | 粘 |
| 阴平—阴平 | 春天 | 高山 | 公开 | 花生 | 馨香 | 支撑 清新 |
| | 优先 | 招标 | 精通 | 珍珠 | 增加 | 欢呼 关心 |

阳平（35调）的字读时要由中音升到最高音。

| 阳平（35调） | 龙 | 词 | 国 | 时 | 蓝 | 宁（～静） |
| --- | --- | --- | --- | --- | --- | --- |
| | 银 | 浊 | 折 | 舌 | 德 | 格 |
| | 云 | 拔 | 服 | 成 | 碟 | 答（～话） |
| | 乏 | 槽 | 毛 | 旗 | 螺 | 壶 |
| 阳平—阳平 | 文学 | 人民 | 团结 | 服从 | 祥云 | 民族 豪情 |
| | 直达 | 邮局 | 原则 | 银河 | 油田 | 排除 繁殖 |

上声（214调）的字读时要先降后升。

| 上声（214调） | 好 | 少 | 孔 | 肿 | 蠢 | 懂 |
| --- | --- | --- | --- | --- | --- | --- |
| | 五 | 椅 | 里 | 起 | 挤 | 虎 |
| | 有 | 取 | 鬼 | 粉 | 苦 | 紧 |
| | 给 | 简 | 耳 | 短 | 管 | 火 |
| 上声—上声 | 美好 | 审稿 | 永远 | 可以 | 理解 | 领导 厂长 |
| | 体检 | 举止 | 考取 | 苦恼 | 稿纸 | 柔软 整体 |

去声（51调）的字要读得一降到底。

| 去声（51调） | 动 | 寺 | 翠 | 上（～下） | | |
| --- | --- | --- | --- | --- | --- | --- |
| | 话 | 睡 | 对 | 调（～动） | | |
| | 会 | 坠 | 炖 | 困 | | |

| | | | | |
|---|---|---|---|---|
| | 念 | 夏 | 错 | 贺 |
| | 线 | 信 | 跳 | 造 |
| | 画 | 货 | 记 | 踏（～步） |
| 去声—去声 | 召唤 | 韵律 | 爱好 | 势必 |
| | 大致 | 意念 | 创造 | 利益 |
| | 透视 | 外地 | 跳跃 | 数目 |
| | 肃静 | 特性 | | |

## （三）兰银官话方言区学习普通话声调的辨正训练

### 1.阴平与四声的辨正训练

| | | | | | | | |
|---|---|---|---|---|---|---|---|
| 阴平—阴平 | 身心 | 胸腔 | 清晰 | 接亲 | 公司 | 刮风 | 缺失 |
| | 基金 | 山川 | 工薪 | 开心 | 山峰 | 亲身 | 轻松 |
| | 参加 | 波音 | 发声 | 拥军 | 东风 | 交通 | 磋商 |
| | 周刊 | 参军 | 丰收 | 拉丁 | 飞舟 | 终究 | 工兵 |
| 阴平—阳平 | 中华 | 安全 | 微博 | 公平 | 慌忙 | 基层 | 激流 |
| | 机床 | 珊瑚 | 清洁 | 缺乏 | 青年 | 屈服 | 高级 |
| | 奔流 | 匆忙 | 蹉跎 | 端详 | 观察 | 精华 | 生活 |
| | 资源 | 坚决 | 参谋 | 飘扬 | 编排 | 加强 | 攻读 |
| 阴平—上声 | 高铁 | 思索 | 撒谎 | 优点 | 基础 | 机场 | 清楚 |
| | 高雅 | 拨款 | 奔跑 | 宾馆 | 安稳 | 出场 | 抄写 |
| | 倾吐 | 花圃 | 批准 | 冬笋 | 飘洒 | 清早 | 歌咏 |
| | 发展 | 厅长 | 灯塔 | 思索 | 生产 | 缺口 | 优雅 |
| 阴平—去声 | 微信 | 支付 | 真正 | 亲自 | 约会 | 肌肉 | 秋季 |
| | 孤僻 | 工地 | 出去 | 称谓 | 充分 | 冲破 | 差异 |
| | 庄重 | 播送 | 音乐 | 鞭策 | 激励 | 称赞 | 充沛 |
| | 刚毅 | 机制 | 清脆 | 单位 | 根据 | 公费 | 规划 |

### 2.阳平与四声的辨正训练

| 阳平—阴平 | 联播 | 长期 | 良心 | 流失 | 楼梯 | 前期 | 围巾 |
|---|---|---|---|---|---|---|---|
| | 无私 | 协商 | 集中 | 浑身 | 极端 | 急需 | 重新 |
| | 长期 | 国家 | 联欢 | 南方 | 群居 | 农村 | 平均 |
| | 崇高 | 集中 | 良师 | 研究 | 节约 | 童心 | 常规 |
| 阳平—阳平 | 黄河 | 随时 | 人群 | 职责 | 情节 | 原来 | 全盘 |
| | 残余 | 诚实 | 行情 | 寒流 | 灵活 | 齐全 | 贫乏 |
| | 国旗 | 直达 | 人民 | 停留 | 离别 | 联合 | 团结 |
| | 儿童 | 随时 | 流传 | 模型 | 滑翔 | 荣华 | 其实 |
| 阳平—上声 | 柔软 | 如果 | 情感 | 合理 | 诚恳 | 回首 | 滑雪 |
| | 文笔 | 回想 | 得体 | 尘土 | 流感 | 查找 | 长久 |
| | 华北 | 仰泳 | 成果 | 拂晓 | 完整 | 持久 | 晴朗 |
| | 联想 | 黄海 | 防守 | 驳倒 | 寻找 | 违法 | 潮水 |
| 阳平—去声 | 联系 | 勤奋 | 球赛 | 人力 | 融化 | 财物 | 博士 |
| | 筹建 | 华夏 | 怀抱 | 集会 | 牢记 | 辽阔 | 连续 |
| | 革命 | 豪迈 | 牢固 | 农谚 | 融洽 | 穷困 | 评价 |
| | 肥沃 | 明净 | 前哨 | 旋律 | 林业 | 情趣 | 劳动 |

### 3.上声与四声的辨正训练

| 上声—阴平 | 粉丝 | 统一 | 北京 | 指挥 | 口腔 | 本身 | 眼光 |
|---|---|---|---|---|---|---|---|
| | 紧张 | 打击 | 普通 | 组织 | 老师 | 纺织 | 等车 |
| | 主观 | 展播 | 小区 | 洗刷 | 喘息 | 好心 | 有些 |
| | 党章 | 捕捉 | 摆脱 | 产生 | 导师 | 点滴 | 短期 |
| 上声—阳平 | 语流 | 祖国 | 委员 | 仿佛 | 本来 | 感情 | 果茶 |
| | 海洋 | 总结 | 警察 | 以前 | 保持 | 指责 | 敏捷 |
| | 演员 | 演习 | 显然 | 舞台 | 抵达 | 储存 | 表明 |

| | | | | | | | |
|---|---|---|---|---|---|---|---|
| | 笔直 | 采集 | 阐明 | 点名 | 返航 | 腐蚀 | 好评 |
| 上声—上声 | 影响 | 古老 | 指导 | 本领 | 品种 | 表演 | 勇敢 |
| | 赶早 | 管理 | 水果 | 采取 | 党委 | 感慨 | 永远 |
| | 保守 | 水彩 | 享有 | 短跑 | 典礼 | 打扫 | 处理 |
| | 饱满 | 比拟 | 保险 | 耻辱 | 抵挡 | 抖擞 | 反省 |
| 上声—去声 | 恐吓 | 铁路 | 总共 | 闪电 | 仿制 | 努力 | 美丽 |
| | 理论 | 土地 | 保证 | 准备 | 考虑 | 广泛 | 宇宙 |
| | 巩固 | 伟大 | 软弱 | 闪烁 | 喜事 | 想念 | 响应 |
| | 显示 | 染色 | 取代 | 请愿 | 海啸 | 轨道 | 滚动 |

### 4.去声与四声的辨正训练

| | | | | | | | |
|---|---|---|---|---|---|---|---|
| 去声—阴平 | 动车 | 种花 | 病菌 | 必须 | 变声 | 过失 | 扩张 |
| | 卫星 | 药方 | 撤销 | 爱惜 | 创新 | 措施 | 复兴 |
| | 认真 | 簇新 | 构思 | 浪花 | 诞生 | 乐章 | 刺激 |
| | 复苏 | 气氛 | 辣椒 | 贵宾 | 救灾 | 气温 | 放松 |
| 去声—阳平 | 疫情 | 克隆 | 乐坛 | 确实 | 必然 | 并排 | 办学 |
| | 病人 | 报答 | 测量 | 好奇 | 后台 | 话题 | 会员 |
| | 自然 | 蜡梅 | 热情 | 笑容 | 浪潮 | 练习 | 现实 |
| | 沸腾 | 序言 | 富饶 | 措辞 | 慰劳 | 幸存 | 大型 |
| 去声—上声 | 背景 | 色彩 | 记者 | 罢免 | 拜访 | 伴侣 | 懊悔 |
| | 并且 | 部署 | 菜鸟 | 翅膀 | 到底 | 次品 | 放手 |
| | 血管 | 碧海 | 鉴赏 | 记者 | 剧本 | 耐久 | 创举 |
| | 驾驶 | 下雨 | 跳伞 | 购买 | 恰巧 | 报考 | 富有 |
| 去声—去声 | 次序 | 艺术 | 贡献 | 大意 | 地道 | 智慧 | 兑现 |
| | 任意 | 赤字 | 阅历 | 韵味 | 让步 | 顾客 | 挂念 |
| | 布告 | 画像 | 魅力 | 倡议 | 缔造 | 荡漾 | 建设 |

锐利　照耀　伴奏　胜利　宴会　热烈　备用

## 5.四种声调的辨正训练

### （1）同调连续

| | | | |
|---|---|---|---|
| 春天花开 | 耘田锄苗 | 撒种打水 | 日夜变化 |
| 江山多娇 | 人民团结 | 理想美好 | 创造世界 |
| 岂有此理 | 上下跳跃 | 团团圆圆 | 明明白白 |

### （2）顺序四声

| | | | |
|---|---|---|---|
| 中国伟大 | 山河美丽 | 兵强马壮 | 千锤百炼 |
| 胸怀广阔 | 阴阳上去 | 心明眼亮 | 英雄好汉 |
| 深谋远虑 | 光明磊落 | 山明水秀 | 风调雨顺 |

### （3）逆序四声

| | | | |
|---|---|---|---|
| 大好河山 | 碧草如茵 | 万里长征 | 妙手回春 |
| 字里行间 | 异口同声 | 信以为真 | 热火朝天 |
| 墨守成规 | 刻骨铭心 | 弄巧成拙 | 逆水行舟 |

### （4）交错四声

| | | | |
|---|---|---|---|
| 万马奔腾 | 南征北战 | 身体力行 | 喜笑颜开 |
| 雨过天晴 | 忠言逆耳 | 普天同庆 | 光彩夺目 |
| 身体力行 | 卧薪尝胆 | 言简意赅 | 集思广益 |

## 6.绕口令训练

### 学好声韵辨四声

学好声韵辨四声，阴阳上去要分明，
部位方法须找准，开齐合撮属口形。
双唇班抱必百波，抵舌当地斗点钉，
舌根高狗工根故，舌面机结教坚精。

翘舌主争真志照，平舌资责早在增，

擦音发翻飞分复，送气查柴产彻称。

合口忽午枯胡鼓，开口河科哥安争，

嘴撮虚学寻徐剧，齐齿衣优摇养英。

抵颚恩音烟弯稳，穿鼻昂迎中拥生，

咬紧字头归字尾，不难达到纯和真。


# 附录

## 古入声字的普通话声调表

a　　①阿

ba　　①八扒捌②拔跋

bai　　①掰②白③百伯（大~子）柏（~树）

bao　　①剥（~花生）②雹薄（纸很~）

bei　　③北

bi　　①逼②鼻荸③笔④必毕泌（~阳，地名）蓖辟（复~）碧壁璧

bie　　①憋瘪（~三）鳖②别（分~）③瘪（干~）④别（~扭）

bo　　①拨剥（~削）②伯（~仲）驳泊柏（~林）脖博搏膊薄（淡~）勃舶渤④薄（~荷）

bu　　③卜（占~）④不

ca　　①擦

ce　　④册厕侧测策

cha　　①插②察④刹（~那）

chai　　①拆

che　　④彻撤澈

chi　　①吃嗤③尺④斥赤

- 53 -

chu　①出④畜（牲～）触矗

chuo　①戳④绰

cu　④促簇

cuo　④错

da　①搭答（～应）②打（量词）达答（～案）瘩（～背）

de　②得（～失）德

dei　③得（我～走了）

di　①滴②的（～确）敌笛涤嘀（～咕）嫡④的（目～）

die　①跌②叠蝶谍碟

du　①督②毒独读牍

duo　②夺度（忖～）踱

e　①阿（～胶）②额③恶（～心）④恶（凶～）扼遏愕噩鳄

fa　①发（～生）②乏伐罚阀筏③法④发（理～）

fo　②佛（～家）

fu　②伏佛（仿～）服幅福拂袱辐蝠④复腹覆缚

ga　①夹（～肢窝）

ge　①戈疙胳鸽掴割②革阁格（～局）葛（～藤）隔蛤（～蜊）③合（容量单位）葛（姓）④个各

gei　③给（交～）

gu　①骨（～碌）③谷骨（～头）

gua　①刮

guo　①郭②国

hai　④骇

he　①呵喝②合（～拢）核盒④吓（恐～）喝（～彩）赫褐鹤

hei　①黑嘿

hu　①忽②核（～儿）

hua    ②猾滑④划（～分）

huo    ①豁（～口）②活④或惑霍豁（～达）

ji     ①击圾积激唧②及吉级极即急疾集籍棘辑嫉③给（供～）脊④迹绩寂鲫

jia    ①夹（～缝）②夹（～袄）荚颊③甲钾

jiao    ②嚼（～舌）③角（牛～）饺脚

jie    ①节（～骨眼）结（～巴）接揭②节（～目）劫杰洁结（～合）捷截竭

ju     ①鞠②局菊橘④剧

jue    ②决角（～色）觉（～醒）绝掘脚（～儿）嚼（咀～）诀倔（～强）爵④倔（脾气～）

ke     ①磕②壳（贝～）咳（～嗽）③渴④克刻客

ku     ①哭窟④酷

kuo    ④扩括阔廓

la     ①拉④落（～下）腊蜡辣

lao    ④络（～子）落（～枕）烙（～饼）酪

le     ④乐（～观）勒（～令）

lei     ①勒（～紧）④肋

li     ④力历立栗粒沥砾雳

lie    ③咧④列劣烈猎裂

liu    ④六陆（"六"的大写）碌（～碡）

lu     ④陆（大～）录鹿绿（～林）碌（忙～）

lü     ④律率（效～）绿（～色）氯

lüe    ④略掠

luo    ④骆络（经～）落（～后）洛烙（炮～）

ma    ①抹（～布）

mai　④麦脉（～搏）

mei　②没

mi　④秘密蜜觅泌（分～）

mie　④灭蔑

mo　①摸②膜③抹（涂～）④末没（埋～）抹（～墙）沫脉（含情～～）莫漠墨默茉陌寞

mu　④木目牧幕沐睦穆

na　④纳呐（～喊）钠捺

ni　④逆昵匿溺

nie　①捏④聂镊孽

nüe　④疟（～疾）虐

nuo　④诺

pa　④帕

pai　①拍③迫（～击炮）

pi　①劈（～木头）霹③匹劈（～叉）④辟（开～）僻譬

piao　②朴（姓）

pie　①撇（～开）③撇（～嘴）

po　①朴（～刀）泊（湖～）泼④朴（～树）迫（～害）魄

pu　①仆（前～后继）扑②仆（～人）③朴（～素）④瀑

qi　①七戚喊漆柒③乞④迄泣契砌

qia　①掐④洽恰

qiao　④壳（地～）

qie　①切（～除）④切（亲～）窃怯

qu　①曲（～折）屈③曲（歌～）

que　①缺④却雀（孔～）确鹊

re　④热

ri     ④日

rou     ④肉

ru     ③辱④入褥

ruo     ④若弱

sa     ①撒（～谎）③撒（～种）④飒萨

sai     ①塞（～子）

se     ④色（颜～）塞（堵～）涩瑟

sha     ①杀刹（～车）煞（～尾）④煞（～费苦心）霎

shai     ③色（掉～）

shao     ②勺芍

she     ②舌折（～本）④设射涉赦摄

shi     ①失湿虱②十什（～锦）石（～头）识（～别）实拾食蚀
④式饰适室释拭

shou     ②熟（饭～了）

shu     ①叔淑②熟（～悉）秫赎③属（～于）④术（技～）束述

shua     ①刷（～子）

shuai     ④率（～领）蟀

shuo     ①说④烁硕

su     ②俗④肃速宿（～舍）缩（～砂密）粟

suo     ①缩（收～）③索

ta     ①塌踏（～实）③塔④踏（～步）拓（～本）蹋

te     ④特

ti     ①踢剔④惕

tie     ①帖（妥～）贴③帖（请～）铁④帖（字～）

tu     ①突秃凸

tuo     ①托脱④拓（开～）

wa　　①挖④袜

wo　　④沃握

wu　　①屋④勿物

xi　　①夕吸析息悉惜锡熄膝昔晰蜥蟋②习席袭媳④隙

xia　　①瞎②峡狭匣侠辖④吓（～唬）

xiao　　①削（～苹果）

xie　　①歇楔蝎②叶（～韵）协胁挟③血（流～了）④泄屑

xiu　　③宿（住了一～）

xu　　④畜（～牧）续蓄旭恤

xue　　①削（剥～）薛②穴学③雪④血（～液）

ya　　①压（～力）鸭押④轧（～花机）压（～根儿）

yao　　①约（～一～重量）④药钥（～匙）疟（～子）

ye　　①掖（～在怀里）④业叶（树～）页咽（呜～）液掖（奖～）
谒腋

yi　　①一揖壹③乙④亿忆亦役译易疫益翼屹抑邑绎奕逸溢

yu　　④玉育狱浴域欲郁尉（～迟，姓）蔚（～县，地名）

yue　　①约④月乐（音～）钥（北门锁～）阅悦跃越岳粤

za　　①扎（包～）②杂砸

zao　　②凿

ze　　②则责择泽

zei　　②贼

zha　　①扎（～实）②扎（挣～）轧（～钢）闸炸（油～）铡③眨
④栅（～栏）

zhai　　①摘②宅择（～菜）③窄

zhao　　①着（没～了）②着（～急）

zhe　　①折（～腾）②折（～叠）哲辙④这浙蔗

zhi　①只（一～鸡）汁织②执直值侄职植殖③只（～有）④识（标～）帜质秩挚掷室

zhou　①粥②轴（～承）④轴（压～子）

zhu　②术（白～）竹逐烛③属（～意）嘱④祝筑

zhuo　①捉桌拙②浊啄着（衣～）灼茁卓酌琢（雕～）

zu　②足族卒

zuo　①作（～坊）②昨琢（～磨）③撮（一～毛儿）④作（～业）

# 四、音变

## （一）兰银官话音变特点及其与普通话音变的比较

普通话的语流音变现象有上声的变调，"一"和"不"的变调，轻声、儿化、语气助词"啊"的音变以及叠音形容词、重叠动词等的音变。兰银官话中的连读变调情况极为复杂，不同地域之间差异较为明显，不同声调组合形成不同的变调组合，很难一一加以描述。值得一提的是，根据笔者对兰银官话河西片的调查显示，兰银官话去声字作前字时大多会变为轻音，极少数是后字变为轻音；个别地方阳平字作前字时，也有变为轻音的情况，而普通话词汇中轻声不会出现在第一个音节。除此之外，兰银官话的音变，各地存在一些共同特点，主要如下：

1.兰银官话中小称一般用词汇手段，如用加"儿"尾、"子"尾或重叠式加"子"尾的方式表示，即"词根＋儿""词根＋子""重叠式＋词缀（儿/子）"，用来表示小称、亲昵等色彩义。例如"花儿、桃儿、笛儿、曲儿、鸡娃儿、根根儿、盘盘儿、桑杏儿""娃子、沙子、庄子、茄子、猴子、果子、嗓子、笋子、膀子、竹子、叶子、杏子、橘子、水沟子、水坑子、窟窿子、花苞子、雀娃子、猪娃子、石子子、碎石子、擦黑子、电蹦子（摩托车）、香瓜子、猫娃子、野狐子、马扎子、脚片子、洗身子、串门子、枸杞子、马驹子"。再如用叠音式加"子"表达，如"沟沟子、叶叶子、缝缝子、虫虫子、锤锤子、面面子、盘盘子、草草子、角角子、拐拐子"等。"儿"尾、"子"尾在不同声调的字后均有不同的变调，"儿"尾自成音节，没有儿化音变。除此之外，个别地方也在表名物的词前加"尕""碎"或"小"，表示小称，如"尕娃""尕儿子""碎碗"。

2.兰银官话中存在一些合音、同化、异化等音变现象。例如："嫑"［pɔ］为"不要"的合音，"啥"［sa］为"什么"的合音。"新新妇"［ɕinɕinfu］的第二个"新"字为"媳"受前字韵母同化而来；"蛛蛛"［pfupfu］由"蜘蛛"［tʂʅpfu］受后字韵母同化而来。"癞蛤蟆"［lɛxəma］的"蛤"读［xə］属于异化现象，"打喝欠"［taxəɕiæ］的"喝"由"哈"［xa］韵母异化而来。

## （二）兰银官话方言区学习普通话音变的重点和难点

针对普通话语流音变的各种现象，本方言区人在学习普通话的过程中不仅应熟练掌握普通话音变中上声的变调，"一"和"不"的变调，轻声、儿化、语气助词"啊"的音变，以及叠音形容词、重叠动词等的语流音变，还要明确本人所在方言区"儿"尾、"子"尾或重叠式加"子"尾的词汇与普通话词汇的对应关系，从而能够准确、自然、熟练地使用普通话。

## （三）兰银官话方言区学习普通话音变的辨正训练

1.上声变调发音训练

①上声在阴平、阳平、去声、轻声（个别除外）前读"半上"，调值由214变为21。

| 上+阴 | 有些 | 普通 | 北京 | 组织 | 产生 | 等车 | 老师 |
| --- | --- | --- | --- | --- | --- | --- | --- |
| | 指挥 | 统一 | 土方 | 紧张 | 武装 | 纺织 | 主观 |
| | 口腔 | 打击 | 本身 | 眼光 | 展开 | 总之 | 有机 |
| | 隐约 | 永生 | 语音 | 整风 | 指针 | 转弯 | 水灾 |
| | 可观 | 有关 | | | | | |
| 上+阳 | 可能 | 以来 | 指责 | 语流 | 祖国 | 仿佛 | 委员 |
| | 本来 | 感情 | 总和 | 女人 | 敏捷 | 有时 | 感觉 |
| | 果茶 | 演员 | 海洋 | 总结 | 警察 | 组成 | 以前 |
| | 保持 | 改革 | 举行 | 语言 | 有为 | 小时 | 转达 |
| | 主题 | 嘴唇 | | | | | |
| 上+去 | 主义 | 努力 | 美丽 | 笔画 | 伟大 | 准备 | 鼓励 |
| | 巩固 | 理论 | 语调 | 使用 | 只要 | 感到 | 只是 |
| | 土地 | 主任 | 保证 | 考虑 | 广泛 | 有效 | 宇宙 |
| | 整个 | 马上 | 总是 | 表示 | 改变 | 反应 | 掌握 |
| | 武器 | 语气 | | | | | |
| 上+轻 | 我们 | 你们 | 喜欢 | 懂得 | 显得 | 耳朵 | 尾巴 |
| | 老爷 | 脑子 | 老实 | 奶奶 | 姐姐 | 嫂子 | 脑袋 |
| | 椅子 | 里头 | 舍得 | 底下 | 爪子 | 本事 | 打算 |
| | 点心 | 里边 | 嗓子 | 养活 | 指甲 | 嘴巴 | 稿子 |

②上声在上声前读阳平，调值由214变为35。

| 上+上 | 影响 | 管理 | 指导 | 采取 | 党委 | 老板 | 赶紧 |
| --- | --- | --- | --- | --- | --- | --- | --- |
| | 尽管 | 彼此 | 土壤 | 打倒 | 勇敢 | 理解 | 选举 |
| | 本领 | 品种 | 厂长 | 只有 | 手指 | 以免 | 审稿 |
| | 表演 | 领导 | 水果 | 友好 | 古老 | 雨水 | 美好 |
| | 勉强 | 演讲 | 保守 | 广场 | 岛屿 | 小组 | 感慨 |
| | 语法 | 土壤 | 礼品 | 可喜 | 洗澡 | | |

2. "一"的变调发音训练

① "一"在阴平、阳平、上声前读去声,调值由55变为51。

"一" + 阴平　　一般　一拍　一方　一边　一车　一声　一吨

　　　　　　　　一根　一锅　一家　一杯　一番　一招　一生

　　　　　　　　一刀　一天　一批　一篇

"一" + 阳平　　一行　一集　一条　一头　一提　一层　一直

　　　　　　　　一名　一席　一群　一人　一台　一同　一级

　　　　　　　　一急　一拳　一时　一查

"一" + 上声　　一笔　一朵　一本　一稿　一点　一打　一种

　　　　　　　　一组　一秒　一起　一想　一尺　一体　一早

　　　　　　　　一走　一场　一转　一曲

② "一"在去声前读阳平,调值由55变为35。

"一" + 去声　　一扇　一架　一亿　一万　一块　一次　一份

　　　　　　　　一个　一切　一类　一丈　一寸　一粒　一辆

　　　　　　　　一趟　一定　一对　一会儿

③ "一"的变调综合训练

一板一眼　　　　一唱一和　　　　一模一样　　　　一丝一毫

一字一顿　　　　一朝一夕　　　　一山一水　　　　一心一意

一问一答　　　　一张一弛　　　　一起一落　　　　一上一下

一前一后　　　　一生一世　　　　一左一右　　　　一瘸一拐

一撇一捺　　　　一来一往　　　　一笔一画　　　　一刀一枪

一起一伏

3. "不"的变调发音训练

① "不"在阴平、阳平、上声前不变调,仍读去声。

"不" + 阴平　　不安　不惜　不公　不光　不休　不禁

|  | | | | | | |
|---|---|---|---|---|---|---|
| **"不" + 阳平** | 不堪 | 不听 | 不通 | 不虚 | 不一 | 不单 |
| | 不分 | 不发 | 不出 | 不知 | 不沾 | 不说 |
| | 不如 | 不平 | 不行 | 不才 | 不同 | 不得 |
| | 不乏 | 不妨 | 不绝 | 不良 | 不眠 | 不然 |
| | 不容 | 不时 | 不停 | 不曾 | 不足 | 不详 |
| **"不" + 上声** | 不可 | 不久 | 不比 | 不等 | 不管 | 不选 |
| | 不轨 | 不法 | 不解 | 不仅 | 不满 | 不免 |
| | 不少 | 不妥 | 不朽 | 不许 | 不想 | 不止 |

② "不"在去声前读阳平，调值由51变为35。

|  | | | | | | |
|---|---|---|---|---|---|---|
| **"不" + 去声** | 不快 | 不便 | 不对 | 不断 | 不犯 | 不要 |
| | 不怕 | 不厌 | 不在 | 不料 | 不妙 | 不愧 |
| | 不论 | 不济 | 不见 | 不必 | 不但 | 不利 |

③ "不"的变调综合训练

| | | | |
|---|---|---|---|
| 不清不白 | 不即不离 | 不左不右 | 不哼不哈 |
| 不上不下 | 不好不坏 | 不管不顾 | 不卑不亢 |
| 不伦不类 | 不偏不倚 | 不三不四 | 不干不净 |
| 不言不语 | 不屈不挠 | 不折不扣 | 不见不散 |
| 不尴不尬 | 不闻不问 | 不多不少 | 不慌不忙 |
| 不清不楚 | | | |

## 4. 轻声发音训练（加下划线者读轻声）

| | | |
|---|---|---|
| 不分—部分 | 利器—力气 | 利害—厉害 |
| 马头—码头 | 面巾—面筋 | 蛇头—舌头 |
| 服气—福气 | 莲子—帘子 | 笔试—比试 |
| 电子—垫子 | 加火—家伙 | 麻籽—麻子 |
| 人家（住户）—人家（别人） | | |

大意（段落~）—大意（粗心~）

对头（正确）—对头（仇敌）

地方（中央和~）—地方（什么~）

老子（李耳）—老子（父亲或男性的自称）

大方（贻笑~）—大方（出手~）

地道（~战）—地道（风味~）

门道（门洞儿）—门道（门路）

精神（~面貌）—精神（很~）

地下（地面之下）—地下（地面上）

东西（指方向）—东西（事物）

兄弟（哥哥和弟弟）—兄弟（弟弟）

买卖（联合词组）—买卖（生意）

拉手（动宾词组）—拉手（名词）

本事（文学作品主题所根据的故事情节）—本事（本领）

实在（~不知道）—实在（做得很~）


## 5.儿化词语发音训练

| 茬儿 | 把儿 | 花儿 | 个儿 | 头儿 | 歌儿 |
| 鱼儿 | 角儿 | 眼儿 | 洞儿 | 摊儿 | 调儿 |
| 豆芽儿 | 鲜花儿 | 油画儿 | 笑话儿 | 刀把儿 | 纸匣儿 |
| 一下儿 | 板擦儿 | 找碴儿 | | | |
| 山歌儿 | 高个儿 | 风车儿 | 模特儿 | 细末儿 | 山坡儿 |
| 大伙儿 | 干活儿 | 被窝儿 | | | |
| 草稿儿 | 符号儿 | 麦苗儿 | 小鸟儿 | 好好儿 | 面条儿 |
| 口哨儿 | 开窍儿 | 红包儿 | | | |
| 小猴儿 | 衣兜儿 | 打球儿 | 白兔儿 | 眼珠儿 | 加油儿 |

| 袖口儿 | 老头儿 | 纽扣儿 | | | |
| 小米儿 | 瓜子儿 | 台词儿 | 挑刺儿 | 铁丝儿 | 棋子儿 |
| 小鸡儿 | 米粒儿 | 玩意儿 | 差不离儿 | 没词儿 | 针鼻儿 |
| 毛驴儿 | 金鱼儿 | 唱曲儿 | 孙女儿 | 马驹儿 | |
| 树枝儿 | 锯齿儿 | 小事儿 | 墨汁儿 | 石子儿 | 记事儿 |
| 小街儿 | 主角儿 | 小鞋儿 | 半截儿 | 旦角儿 | |
| 壶盖儿 | 女孩儿 | 一块儿 | 名牌儿 | 一会儿 | 麦穗儿 |
| 墨水儿 | 多会儿 | 小腿儿 | | | |
| 花篮儿 | 好玩儿 | 名单儿 | 笔杆儿 | 包干儿 | 圆圈儿 |
| 小船儿 | 烟卷儿 | 拐弯儿 | 闹着玩儿 | | |
| 针尖儿 | 一点儿 | 旁边儿 | 拉链儿 | 差点儿 | 聊天儿 |
| 心眼儿 | 饺子馅儿 | | | | |
| 窍门儿 | 花纹儿 | 树根儿 | 纳闷儿 | 走神儿 | 一阵儿 |
| 刀刃儿 | 大婶儿 | 后根儿 | 冰棍儿 | 没准儿 | 打盹儿 |
| 脚印儿 | 送信儿 | 红裙儿 | 人群儿 | 小树林儿 | |
| 帮忙儿 | 药方儿 | 唱腔儿 | 瓜秧儿 | 蛋黄儿 | 借光儿 |
| 竹筐儿 | 门缝儿 | 头绳儿 | 板凳儿 | 麻绳儿 | 小虫儿 |
| 没空儿 | 电影儿 | 铜铃儿 | 眼镜儿 | 花瓶儿 | 一个劲儿 |

### 6.语气词"啊"连读音变的发音训练

（1）当前一音节末尾音素是i、ü、a、o、e、ê时，"啊"读为ya，汉字写作"呀"。例如：

大家千万注意呀！

你们知道这是谁呀？

好大的雨呀！

你们快来吃西瓜呀！

原来是他呀!

这里的人真多呀!

这是什么车呀!

这件事怎么解决呀?

大家一起学呀!

（2）当前面一个音节末尾的音素是u时，"啊"读为wɑ，汉字写作"哇"。例如：

你身上怎么这么多土哇!

这是金丝猴哇!

（3）当前面一个音节的韵母是舌尖后元音–i〔ʅ〕、卷舌元音er，或者是儿化韵时，"啊"读为rɑ，汉字只能写作"啊"。例如：

这是一件大事啊!

同志啊!

我的好女儿啊!

快开门儿啊!

（4）当前面一个音节的韵母是舌尖前元音–i〔ɿ〕时，"啊"读为〔z〕ɑ，汉字只能写作"啊"。（〔z〕是舌尖前浊擦音，即s的浊音）例如：

孩子啊!

去过几次啊?

他五十四啊!

（5）当前面一个音节的韵尾是n时，"啊"读为nɑ，汉字写作"哪"。例如：

大家加油干哪!

这可怎么办哪?

怎么这么沉哪?

你们怎么不相信哪?

（6）当前面一个音节韵尾是ng时，"啊"读为nga，汉字只能写作"啊"。（ng是两个字母表示一个舌面后鼻音，它与g、k、h属于同一发音部位）例如：

大家唱啊!

同志们冲啊!

她弹的电子琴多好听啊!

### 7.语气词"啊"连读音变的综合训练

桂林的山真奇啊（ya），一座座拔地而起，各不相连，像老人，像巨象，像骆驼，奇峰罗列，形态万千；桂林的山真秀啊（wa），像翠绿的屏障，像新生的竹笋，色彩明丽，倒映水中；桂林的山真险啊（na），危峰兀立，怪石嶙峋，好像一不小心就会栽倒下来。

漓江的水真静啊（nga），静得让你感觉不到它在流动；漓江的水真清啊（nga），清得可以看见江底的沙石；漓江的水真绿啊（ya），绿得仿佛那是一块无瑕的翡翠。

## 附录

## 兰银官话特殊词汇与普通话词汇对照表

| 普通话 | 兰银官话 |
|---|---|
| "儿"尾 | |
| 花 | 花儿 |
| 桃 | 桃儿 |
| 梨 | 梨儿 |

| | |
|---|---|
| 杏 | 杏儿 |
| 笛子 | 笛儿 |
| 桑葚 | 桑杏儿 |
| 小鸡 | 鸡娃儿 |
| 猜谜 | 猜谜儿 |
| 根 | 根根儿 |
| 盘子 | 盘盘儿 |
| 胡同 | 巷巷儿 |

## "子"尾

| | |
|---|---|
| 冰雹 | 冷子 |
| 胡同 | 巷子 |
| 厕所 | 茅房 |
| 莴笋 | 笋子 |
| 枣 | 枣子 |
| 床单 | 单子 |
| 香皂 | 胰子 |
| 漏斗 | 漏子 |
| 小碗 | 盅子 |
| 儿子 | 娃子 |
| 经纪人 | 牙子 |
| 小孩 | 娃子 |
| 翅膀 | 膀子 |
| 衬衣 | 褂子 |
| 棉袄 | 袄子 |
| 打闪 | 火闪子 |

| | |
|---|---|
| 水沟 | 水沟子 |
| 水坑 | 水坑子 |
| 窟窿 | 窟窿子 |
| 小石子 | 石子子 |
| 碎石 | 碎石子 |
| 衣架 | 衣架子 |
| 锅铲 | 锅铲子 |
| 马甲 | 架架子 |
| 草帽 | 草帽子 |
| 独轮车 | 推车子 |
| 摩托车 | 电蹦子 |
| 小马 | 马驹子 |
| 小驴 | 驴驹子 |
| 小牛 | 牛犊子 |
| 小羊 | 羊羔子 |
| 小猫 | 猫娃子 |
| 小狗 | 狗娃子 |
| 小猪 | 猪娃子 |
| 小鸡 | 鸡娃子 |
| 麻雀 | 雀娃子 |
| 狐狸 | 野狐子 |
| 猫头鹰 | 夜猫子 |
| 百灵鸟 | 百灵子 |
| 蝴蝶 | 叶蝶子 |
| 蜥蜴 | 蝎虎子 |
| 脚 | 脚片子 |

| | |
|---|---|
| 耳朵 | 耳刮子 |
| 小腿 | 干腿子 |
| 洗澡 | 洗身子 |
| 串门 | 串门子 |
| 雪花 | 雪片子 |
| 山坡 | 山坡子 |
| 等一会儿 | 等会子 |
| 过一会儿 | 停会子 |
| 扁豆 | 扁豆子 |
| 西红柿 | 洋柿子 |
| 香瓜 | 香瓜子 |
| 枸杞 | 枸杞子 |
| 花苞 | 花苞子 |
| 柳絮 | 柳毛子 |
| 火锅 | 火锅子 |
| 双胞胎 | 双生子 |
| 小偷 | 贼娃子 |
| 下颌 | 哈巴子 |
| 耳垂 | 耳垂子 |
| 腹泻 | 跑肚子 |
| 有狐臭者 | 臭根子 |
| 开处方 | 开方子 |
| 侧身 | 仄楞子 |
| 脑袋 | 脑（袋）瓜子 |
| 眼仁 | 眼仁子 |
| 毛孔 | 毛孔眼子 |

| | |
|---|---|
| 戒指 | 金箍（镏）子 |
| 扎辫儿 | 扎毛盖子 |

## 重叠 + "子" 尾

| | |
|---|---|
| 山沟 | 山沟沟子 |
| 叶子 | 叶叶子 |
| 缝隙 | 缝缝子 |
| 角儿 | 角角子 |
| 拐角 | 拐拐子 |
| 坑 | 坑坑子 |
| 草 | 草草子 |
| 面子 | 面面子 |
| 虫子 | 虫虫子 |
| 盆子 | 盆盆子 |
| 碟子 | 碟碟子 |
| 瓶子 | 瓶瓶子 |
| 罐子 | 罐罐子 |
| 盘子 | 盘盘子 |
| 羹匙 | 勺勺子 |
| 盖子 | 盖盖子 |
| 锤子 | 锤锤子 |
| 口袋 | 抽抽子 |
| 尼姑 | 姑姑子 |

## 五、连读调

### （一）兰银官话的连读调

　　兰银官话中的连读变调情况极为复杂，不同地域之间差异较为明显，不同声调的组合形成不同的变调组合。鉴于西北方言中连读调的复杂情况，邢向东、马梦玲《论西北官话的词调及其与单字调、连读调的关系》（中国语文，2019 年 01 期）阐述了"词调"及其与单字调、连读调的关系问题。单字调是指一个字（一个音节）单独出现时的声调。相对于单字调而言，连读调是指单字组合起来以后，由于单字调之间的互相影响而读出的调子，也可称为"组合调"。它既包括一般所说的"连读变调"，也包括单字调组合以后不发生变化的调。也就是说有变调的，有不变调的，因此称为连读调比较符合语言实际情况。"词调"是一个特定概念，指西北方言中双音节以上的词语中那些不能从单字调的连读音变推导出来的调子。单字调、连读调属于语音层面；词调属于词汇、语法层面。所以，为了学习者的方便，此处不再涉及词调问题，只谈连读调的问题。

　　学习汉语的难点是掌握声调，首先是单字调，其次是连读调。只要学好单字调，汉语为母语的人一般会在语流中自然变调。在普通话学习中，轻声的学习是一大重点。轻声是连读变调中的一种变体，其主要特点是音长短一半，音强微弱，一般人听感为轻，故称轻声。普通话的轻重音概念来源于印欧语系，表现在词和语句里，词的轻重音是最基本的。如果把印欧语系中轻重音的概念套到汉语学习中，就会舍本逐末，变简为繁，不利于学习者对于连读调的把握。

## （二）兰银官话连读调的大致特点

普通话和方言词汇中绝大多数的常用词是双音节词。以兰银官话常用双音节词为例来说。兰银官话构成词语的音节因调类的不同组合而形成了高低模式。兰银官话双音节词基本上是以首字为统领，形成了高低、低高的搭配模式，连读调的组合方式主要有"高低式"和"低高式"两种，如兰州话两字组连读调模式（见下表）：

### 兰州话两字组连读调表

| 前字＼后字 | 阴平42 | 阳平53 | 上声44 | 去声13 |
|---|---|---|---|---|
| 阴平42 | 44+42 花生<br><br>53+21<br>西瓜 朱砂<br><br>22+53 吃亏<br><br>22+13<br>刷漆 | 55+42<br>生活 开学<br>厅堂 开门<br><br>55+21<br>中学 今年<br><br>22+53<br>黑白 积极<br><br>22+42<br>八十 吃食<br>湿鞋 秃头 | 55+13<br>花甲 抽血<br><br><br>53+21<br>方法 开水<br>甘草 牲口<br><br>22+53<br>八百<br><br>22+55<br>黑狗 出丑 | 53+13<br>霜降 开会<br>出纳 吃药<br><br>55+21<br>蜂蜜 三月<br>欢乐 收入<br>针线 师傅<br><br>22+53<br>一月 |
| 阳平53 | 53+13<br>棉花 良心 | 53+13<br>敌人 名额<br>豪杰 提拔 羊毛<br>男人 绵羊 | 53+13<br>活法 熟铁<br>石板 毛笔<br>牛角 抬脚<br>尘土 | 53+13<br>熟客 毒药<br>拔麦 学术<br>白菜 实话<br>学费 头发<br>牛肉 磨墨<br>徒弟 棉裤<br>羊圈 还愿 |

| 后字<br>前字 | 阴平42 | 阳平53 | 上声44 | 去声13 |
|---|---|---|---|---|
| | 35+42<br>值班<br><br>53+53<br>人中 提亲<br>22+42<br>石灰 十天 | 53+42<br>白活 独食<br>夺食<br><br>53+21<br>回族<br>22+42<br>食堂 拔毛 | 53+42<br>白狗 罚款<br>门板 糖水 骑马<br>53+53<br>扬场<br>22+55<br>十九 | 22+24<br>福气 黑户<br>吃饭 十月<br>十六 服气 |
| 上声44 | 55+42<br>赶车<br><br>35+21<br>首都 水烟<br><br><br>53+21眼睛<br>22+53<br>铁丝 北风 | 55+42<br>炒熟 口粮<br>母牛 锁门<br><br>35+21<br>小学 老实<br>伙食 水盆<br>马勺<br><br>22+42 铁皮 | 55+13<br>铁尺 小雪<br>水土 井水<br><br><br><br><br>55+21 粉笔<br>22+53 谷雨<br><br>22+44 铁板 | 55+13<br>请客 取药 写字<br><br>35+21<br>韭菜 满月<br>枣木 火药<br>板凳 瓦罐<br>55+21 孔雀<br>22+53 百日<br><br>22+24 尺寸 |
| 去声13 | 24+13 墨汁<br><br><br><br><br><br><br><br>22+42<br>大家 对方<br>冒烟 饭锅 | 13+42 入门<br>13+53 放羊<br><br><br><br><br><br>22+42<br>日食 六十<br>入学 木楼 药材<br>热茶 数学<br>二十 下毒<br>价钱 太平 | 24+13 落脚<br>55+13 犯法<br>13+42 对手<br><br><br><br><br>22+42<br>六百 月饼 入股<br>半碗 | 35+13<br>日月 立柜<br>55+13<br>政策 气色<br>地震 号脉<br>气力 费力<br>22+42<br>目录 六月<br>算术 半夜 |

续表

| 后字<br>前字 | 阴平42 | 阳平53 | 上声44 | 去声13 |
|---|---|---|---|---|
| | 22+55<br>正经 地方<br>定亲<br>22+53<br>木工 热心 岳飞<br>立家 | | 22+55<br>墨水 日本 露水<br>22+53 上火 | 22+13<br>热气 下蛋<br>22+53<br>腊月 数目<br>炸药 背后 笑话 |

普通话多音节词汇的语音结构中，低音一般不会出现在第一个音节，而兰银官话双音节词中，前字变为低音的情况在不同的调类中均有出现，尤其是去声字作前字时大多会变为低音，极少数是后字变为低音。普通话中的轻声词在兰银官话中大多模式为"低高式"，极少数模式为"高低式"，因此兰银官话方言区的人在学习普通话轻声词时需要注意"低高式"模式中轻音的读音。对于轻声词的学习和掌握是本方言区的人需要着力解决的重点和难点。

## （三）兰银官话方言区学习普通话轻声词的辨正训练

### 1.普通话轻声的发音训练

轻声的发音训练首先要体会轻声音节音长音短的特点。为了发音练习的方便，连同轻声音节前面的音节，把这两个音节看成两拍，前面的音节读作一拍，后面的轻声音节读作半拍。同时注意轻声音节在阴平、阳平、去声后的音高形式是短促的半低降调31，而在上声后是短促的半高平调44。

（阴平·轻声）　黑的　　喝的　　丢了　　梳子

　　　　　　　多么　　叔叔　　听过　　巴掌

　　　　　　　追呀　　他吗　　哥们

| （阳平·轻声） | 红的 | 拿着 | 熟了 | 篮子 |
| | 石头 | 什么 | 爷爷 | 学过 |
| | 人呢 | 行吗 | 云彩 | |
| （上声·轻声） | 粉的 | 打着 | 好了 | 本子 |
| | 里头 | 姐姐 | 想过 | 走哇 |
| | 管吗 | 打算 | 椅子 | |
| （去声·轻声） | 绿的 | 坐着 | 错了 | 凳子 |
| | 木头 | 这么 | 妹妹 | 念过 |
| | 对呀 | 是啊 | 豆腐 | |

## 2.常用轻声词的发音训练

### （1）"附加式"轻声词（原调+轻声）发音训练

| | | | | | | | | | |
|---|---|---|---|---|---|---|---|---|---|
| 我们 | 他们 | 你们 | 人们 | 咱们 | 它们 | 她们 | 那么 | 俺们 | 什么 |
| 怎么 | 这么 | 多么 | 要么 | 必得 | 非得 | 总得 | 觉得 | 记得 | 懂得 |
| 显得 | 值得 | 晓得 | 使得 | 认得 | 省得 | 免得 | 懒得 | 石头 | 里头 |
| 骨头 | 前头 | 馒头 | 木头 | 舌头 | 指头 | 拳头 | 上头 | 码头 | 跟头 |
| 锄头 | 对头 | 念头 | 后头 | 枕头 | 外头 | 罐头 | 斧头 | 丫头 | 砖头 |
| 日头 | 下头 | 接着 | 觉着 | 跟着 | 想着 | 念着 | 说着 | 笑着 | 护着 |
| 哭着 | 喊着 | 叫着 | 含着 | 对着 | 拿着 | 坐着 | 为了 | 除了 | 得了 |
| 算了 | 罢了 | 行了 | 对了 | 好了 | 看了 | 极了 | 锁子 | 柱子 | 膀子 |
| 孩子 | 样子 | 房子 | 儿子 | 日子 | 身子 | 肚子 | 句子 | 桌子 | 鬼子 |
| 村子 | 帽子 | 鼻子 | 脑子 | 嫂子 | 院子 | 叶子 | 椅子 | 脖子 | 影子 |
| 绳子 | 虫子 | 胡子 | 种子 | 小子 | 铺子 | 个子 | 嗓子 | 橘子 | 亭子 |
| 凳子 | 担子 | 法子 | 扇子 | 谷子 | 斧子 | 辫子 | 麦子 | 盖子 | 车子 |
| 袜子 | 蚊子 | 果子 | 筷子 | 篮子 | 步子 | 笼子 | 箱子 | 疯子 | 本子 |
| 席子 | 厂子 | 炉子 | 链子 | 瓶子 | 汉子 | 盒子 | 管子 | 圈子 | 条子 |

| | | | | | | | | | |
|---|---|---|---|---|---|---|---|---|---|
| 狮子 | 框子 | 骡子 | 牌子 | 鸭子 | 沙子 | 根子 | 胆子 | 鞭子 | 摊子 |
| 旗子 | 被子 | 领子 | 梯子 | 钳子 | 窗子 | 袖子 | 妹子 | 带子 | 金子 |
| 钉子 | 刀子 | 椰子 | 褂子 | 豹子 | 班子 | 头子 | 轮子 | 钩子 | 兔子 |
| 台子 | 爪子 | 点子 | 毯子 | 笛子 | 路子 | 柜子 | 裙子 | 珠子 | 袜子 |
| 鸽子 | 银子 | 乱子 | 耗子 | 崽子 | 曲子 | 片子 | 桃子 | 饺子 | 豆子 |
| 池子 | 梆子 | 苇子 | 坛子 | 罐子 | 里子 | | | | |

## （2）"重叠式"轻声词（原调+轻声）发音训练

| | | | | | | | | | |
|---|---|---|---|---|---|---|---|---|---|
| 妈妈 | 爸爸 | 爷爷 | 太太 | 哥哥 | 奶奶 | 妹妹 | 叔叔 | 弟弟 | 姐姐 |
| 婶婶 | 伯伯 | 娃娃 | 舅舅 | 姑姑 | 婆婆 | 嫂嫂 | 姨姨 | 包包 | 猩猩 |
| 星星 | 想想 | 走走 | 看看 | 说说 | 坐坐 | 歇歇 | 念念 | 拍拍 | 谢谢 |

## （3）"复合式"轻声词（原调+轻声）发音训练

| | | | | | | | | | |
|---|---|---|---|---|---|---|---|---|---|
| 东西 | 地方 | 先生 | 事情 | 认识 | 部分 | 朋友 | 学生 | 知道 | 人家 |
| 多少 | 姑娘 | 困难 | 明白 | 衣服 | 清楚 | 意思 | 喜欢 | 队伍 | 师傅 |
| 消息 | 大夫 | 老爷 | 休息 | 意识 | 头发 | 粮食 | 面积 | 少爷 | 工夫 |
| 耳朵 | 尾巴 | 棉花 | 骆驼 | 商量 | 家伙 | 老实 | 脑袋 | 舒服 | 窗户 |
| 招呼 | 牲口 | 漂亮 | 嘴巴 | 麻烦 | 丈夫 | 结实 | 收拾 | 便宜 | 糊涂 |
| 衣裳 | 买卖 | 活泼 | 葡萄 | 大爷 | 打听 | 老婆 | 胳膊 | 模糊 | 包袱 |
| 心思 | 打量 | 咳嗽 | 苍蝇 | 吆喝 | 闺女 | 高粱 | 合同 | 灯笼 | 耽误 |
| 眉毛 | 秀才 | 功夫 | 笑话 | 豆腐 | 哆嗦 | 规矩 | 出息 | 葫芦 | 委屈 |
| 相声 | 喇叭 | 萝卜 | 含糊 | 弟兄 | 参谋 | 嘱咐 | 帐篷 | 称呼 | 在乎 |
| 体会 | 约莫 | 下巴 | 衙门 | 迷糊 | 和尚 | 佩服 | 马虎 | 宽敞 | 神仙 |
| 琢磨 | 叫唤 | 狐狸 | 收成 | 使唤 | 疙瘩 | 扎实 | 稳当 | 铃铛 | 折腾 |
| 庄稼 | 篱笆 | 机灵 | 指甲 | 鼻涕 | 吓唬 | 岁数 | 见识 | 嘀咕 | 窝棚 |
| 唾沫 | 刺猬 | 钥匙 | 扫帚 | 动弹 | 养活 | 地道 | 奔拉 | 运气 | 手巾 |
| 蘑菇 | 芝麻 | 蜈蚣 | 记性 | 应酬 | 秧歌 | 棺材 | 街坊 | 点心 | 踏实 |
| 甘蔗 | 云彩 | 停当 | 名堂 | 架势 | 柴火 | 比方 | 抬举 | 尺寸 | |

（4）三音节轻声词发音训练

① "原调+轻声+原调" 的轻声训练

| | | | |
|---|---|---|---|
| 看一看 | 说一说 | 想一想 | 乐一乐 |
| 走一走 | 写一写 | 听一听 | 歇一歇 |
| 聚一聚 | 行不行 | 好不好 | 红不红 |
| 对不对 | 穿不穿 | 洗不洗 | 想不想 |
| 上一次 | 了不得 | 行不通 | 舍不得 |

② "原调+次轻+最轻" 的轻声训练

| | | | |
|---|---|---|---|
| 为什么 | 老太太 | 老大爷 | 老头子 |
| 大个子 | 小孩子 | 老婆子 | 车轮子 |
| 小伙子 | 一阵子 | | |

# | 第四章 |

# 兰银官话与普通话词汇使用的主要差异

## 一、兰银官话与普通话词汇使用的主要差异

兰银官话属于北方方言，所属各片内部基本词汇较为统一。与普通话相比，兰银官话日常用语词汇差异不大，词义的理解和运用在交流中基本上没有阻碍。兰银官话与普通话词汇的差异主要表现在以下几个方面：

1.兰银官话词汇与普通话词汇在构词语素上有部分相同，例如："上天—天爷""闪电—打闪""失火—着火""冰雹—冰蛋子""去年—年时个""历书—宪书""晚饭—黑饭"。有些则完全不同，例如："戒指—金箍子""看病—问先生""厕所—茅房""垃圾—醒琐"。

2.兰银官话词汇与普通话词汇在造词理据上存在不同。构词理据的不同主要由人们的造词心理及客观事物的不同决定。客观事物的颜色、形状、气味、用途、声音等特征的不同，影响着人们对客观事物的认识和理解，加之人们往往容易被当地的风俗习惯、人文环境等影响，用直接或间接的方式给事物命名。例如："山谷—山夹道""滚水—热水""暖水瓶—电壶""长面条—长饭""向日葵—日

头花儿""结巴—舌吃嘴""鼻尖—鼻疙瘩""孕妇—怀娃的婆娘"。

3.兰银官话词汇中的重叠式和附加式词汇比普通话词汇更丰富多样。兰银官话"子"尾、"儿"尾、重叠词、"重叠词+子"的词汇较多，表达出不同的感情色彩，这是兰银官话词汇组合的一大特色。

## 二、兰银官话词汇与普通话词汇对比

依据日常生活中的兰银官话词汇与普通话词汇的对比，列出如下对照表。

普通话与兰银官话日常生活词汇对照表

| 普通话 | | 兰银官话 |
|---|---|---|

### 自然时令

| 太阳 | tàiyang | 太阳　日头　热头 |
|---|---|---|
| 月亮 | yuèliang | 月亮 |
| 星星 | xīngxing | 星星　星宿　宿宿 |
| 打雷 | dǎléi | 打雷　呼噜爷 |
| 闪电 | shǎndiàn | 打闪 |
| 冰雹 | bīngbáo | 冰蛋子　冷子　冷子疙瘩　白雨　冰雹 |
| 日食 | rìshí | 天狗吃太阳　日食　狗吃天 |
| 天亮 | tiānliàng | 天亮　天爷亮了　天刚亮 |
| 旱地 | hàndì | 旱地　旱田　荒地　撞天地 |
| 田埂 | tiángěng | 田埂子　地埂子　埂子　界棱 |
| 山谷 | shāngǔ | 山谷　山沟　山道　山夹道 |

| 小溪 | xiǎoxī | 水沟 | 水沟子 | 峡水 | 河 | 溪 |
|------|--------|------|--------|------|----|----|
| 池塘 | chítáng | 涝坝 | | | | |
| 水沟 | shuǐgōu | 水沟 | 沟沟子 | 水沟沟子 | | |
| 水坑 | shuǐkēng | 水坑 | 水坑子 | 水坑坑子 | 水坑坑 | |
| 洪水 | hóngshuǐ | 洪水 | 山水 | | | |
| 河岸 | hé'àn | 河沿 | 河沿边 | | | |
| 地震 | dìzhèn | 地震 | 地动 | | | |
| 缝隙 | fèngxì | 缝缝子 | 缝子 | 口子 | | |
| 木炭 | mùtàn | 木炭 | 炭 | 炭糟子 | | |
| 灰尘 | huīchén | 灰尘 | 土 | | | |
| 失火 | shīhuǒ | 失火 | 着火 | | | |
| 泥土 | nítǔ | 泥土 | 泥 | 土 | | |
| 凉水 | liángshuǐ | 凉水 | 冰水 | 冷水 | | |
| 热水 | rèshuǐ | 热水 | 烫水 | 温水 | 温温子水 | |
| 这里 | zhèlǐ | 致搭 | 致些 | 致里 | 兹搭 | |
| 哪里 | nàlǐ | 哪里 | 哪塔 | 哪扎儿 | 哪里咧 | 哪些里 |
| 去年 | qùnián | 去年 | 年时个 | | | |
| 往年 | wǎngnián | 往年 | 奈几年 | 前几年 | 往年个 | 那些年 |
| 年底 | niándǐ | 年底 | 年末 | 年把把上 | | |
| 今天 | jīntiān | 今天 | 今个 | 今个天 | 今个子 | 今儿个 |
| 昨天 | zuótiān | 昨天 | 昨个天 | 夜里个 | 昨个子 | 昨儿个 |
| 整天 | zhěngtiān | 一整天 | 一天 | 一天价 | 整整一天 | |
| 每天 | měitiān | 每天 | 天天 | | | |
| 时候 | shíhou | 时候 | 时节 | | | |
| 现在 | xiànzài | 现在 | 眼前 | 近忽子 | 俨如 | 兹乎 |
| 以前 | yǐqián | 以前 | 前头 | 前 | | |

| 以后 | yǐhòu | 以后 后头 后 |
|---|---|---|
| 上午 | shàngwǔ | 上午 上半天 早上 赶早 |
| 中午 | zhōngwǔ | 中午 晌午 |
| 下午 | xiàwǔ | 下午 下半天 后晌 |
| 清晨 | qīngchén | 早上 赶早上 清早晨 麻亮子 |
| 黄昏 | huánghūn | 晚把会 擦黑 黑了 黑掉了 天麻黑 擦麻子 |
| 傍晚 | bàngwǎn | 擦黑 擦黑子 擦黑儿 麻黑子 大后晌 后晌黑黑了 |
| 白天 | báitiān | 白天 白日 一天 一天里 |
| 夜晚 | yèwǎn | 黑了 夜里 晚上 |
| 半夜 | bànyè | 半夜 半夜里 半夜会 五更 半夜晚夕 |
| 端午 | duānwǔ | 端午 端阳 当午 |
| 冬至 | dōngzhì | 冬至 交九 冬节 |
| 历书 | lìshū | 历书 皇历 宪书 |
| 阴历 | yīnlì | 阴历 农历 老历 旧历 |
| 阳历 | yánglì | 阳历 新历 公历 |
| 家里 | jiāli | 家里 屋里 屋 |
| 乡下 | xiāngxià | 乡下 乡里 |
| 上面 | shàngmian | 上面 上头 高头 |
| 下面 | xiàmian | 下面 底下 下头 |
| 左边 | zuǒbiān | 左边 左手里 左面 左边个 左半个 |
| 右边 | yòubiān | 右边 右手里 右面 右边个 右半个 |
| 中间 | zhōngjiān | 中间 当中 当中里 |
| 旁边 | pángbiān | 旁边 边上 边里 跟前 半个子 傍个里 |

| 前面 | qiánmiàn | 前面　前头 |
| 末尾 | mòwěi | 最后头　尾巴上　尾巴子　尾巴尖尖 |
| | | 末梢　尾巴 |
| 面前 | miànqián | 面前　眼前头　眼面前　眼前　前面 |
| | | 跟前 |
| 背后 | bèihòu | 背后　沟子后头　脊背后头　后面个 |
| 里面 | lǐmiàn | 里面　里头　里面个 |
| 边儿 | biānr | 边边子　沿沿子　边沿子 |
| 角儿 | jiǎor | 角角子　拐拐子　拐子 |

## 日常用具

| 扫帚 | sàozhou | 扫帚　扫把 |
| 垃圾 | lājī | 垃圾　恶索　龌瑳　恶色 |
| 家具 | jiājù | 家具　家私 |
| 被子 | bèizi | 被子　被儿　被窝 |
| 床单 | chuángdān | 床单　单子 |
| 抽屉 | chōuti | 抽屉　抽匣　抽匣子 |
| 案子 | ànzi | 案子　条桌子　条桌 |
| 凳子 | dèngzi | 凳子　板凳 |
| 菜刀 | càidāo | 切刀　切面刀　刀 |
| 盖子 | gàizi | 盖子　盖盖　盖盖子 |
| 调羹 | tiáogēng | 调羹子　勺勺　勺勺子　勺子 |
| 柴火 | cháihuo | 柴火　柴草　柴　烧柴　劈柴 |
| 暖水瓶 | nuǎnshuǐpíng | 电壶　热水瓶　温壶 |
| 毛巾 | máojīn | 毛巾　手巾　羊肚手巾子 |

| 手绢 | shǒujuàn | 手绢子　手巾　手巾子　手帕子　手方子 |
| 梳子 | shūzi | 梳子　木梳 |
| 蜡烛 | làzhú | 洋蜡　蜡 |
| 手电筒 | shǒudiàntǒng | 手电筒　手电　电把子　手电把子 |
| 雨伞 | yǔsǎn | 雨伞　伞 |
| 自行车 | zìxíngchē | 自行车　车子 |
| 箩筐 | luókuāng | 箩筐　筐子　担筐 |
| 钳子 | qiánzi | 钳子　手钳子 |
| 螺丝刀 | luósīdāo | 改锥 |
| 锤子 | chuízi | 锤子　钉锤子　榔头子　榔头 |
| 棍子 | gùnzi | 棍子　棒子　棍　棍棍子 |
| 钢笔 | gāngbǐ | 钢笔　水笔 |
| 圆珠笔 | yuánzhūbǐ | 圆珠笔　油笔　油子笔 |
| 砚台 | yàntai | 砚台　砚瓦　墨盒子 |
| 连环画 | liánhuánhuà | 小人书　画书子　画书 |
| 鞭炮 | biānpào | 鞭炮　炮　炮仗子 |
| 商店 | shāngdiàn | 商店　铺子 |
| 磁石 | císhí | 磁铁　吸铁　吸铁石 |

## 衣食住行

| 衬衫 | chènshān | 汗衫　衬衣　布衫子　汉褂子　汉褡子 |
| 背心 | bèixīn | 背心　背心子　线夹子 |
| 棉衣 | miányī | 棉袄　主袄子　棉衣裳　主腰子 |
| 口袋 | kǒudai | 抽抽　抽抽子　囊囊　囊囊子　搐褡子<br>褡包 |

| | | | |
|---|---|---|---|
| 短裤 | duǎnkù | 短裤　裤衩子　半截裤　半截裤子 |
| 裤腿 | kùtuǐ | 裤腿　裤腿子 |
| 围巾 | wéijīn | 围巾　围脖子　头巾 |
| 围裙 | wéiqún | 围裙　围裙子　兜兜子 |
| 尿布 | niàobù | 尿布子　尿裤子　裤裤子　尿毡子 |
| 扣子 | kòuzi | 纽子　纽扣子 |
| 戒指 | jièzhi | 戒指　戒指子　金箍子　箍箍子 |
| 手镯 | shǒuzhuó | 手镯子　镯子 |
| 饭馆 | fànguǎn | 馆子　饭馆子 |
| 旅馆 | lǚguǎn | 旅馆　旅社　旅店　店 |
| 早饭 | zǎofàn | 早饭　早点 |
| 午饭 | wǔfàn | 午饭　晌午饭　晌午 |
| 晚饭 | wǎnfàn | 晚饭　黑饭 |
| 米饭 | mǐfàn | 米饭　大米饭　白米饭 |
| 稀饭 | xīfàn | 稀饭　米汤 |
| 白酒 | báijiǔ | 白酒　烧酒　酒　辣酒 |
| 黄酒 | huángjiǔ | 黄酒　烧酒 |
| 江米酒 | jiāngmǐjiǔ | 醪糟　醪糟子　醪酒　米酒 |
| 面条 | miàntiáo | 面条　面条子　长饭 |
| 面子 | miànzi | 面儿　面面子　面子 |
| 馒头 | mántou | 馍馍　馒头　刀把子 |
| 饺子 | jiǎozi | 饺子　水饺子 |
| 馅儿 | xiànr | 馅儿　馅子 |
| 猪舌头 | zhūshétou | 猪舌头　口条 |
| 猪肝 | zhūgān | 猪肝子　肝子 |
| 香油 | xiāngyóu | 香油　麻油　芝麻油 |

| | | | | | |
|---|---|---|---|---|---|
| 盐 | yán | 盐 | 盐末子 | 白盐 | |
| 香烟 | xiāngyān | 纸烟 | 烟 | | |
| 抽烟 | chōuyān | 抽烟 | 吃烟 | | |
| 沏茶 | qīchá | 沏茶 | 泡茶 | 倒茶 | |
| 煎 | jiān | 煎 | 炸 | | |
| 渴 | kě | 渴 | 炕 | | |
| 乡村 | xiāngcūn | 乡村 | 乡里 | 庄子 | |
| 胡同 | hútòng | 巷道 | 巷巷 | 巷巷子 | 巷子 |
| 街道 | jiēdào | 街道 | 街上 | 街 | |
| 屋子 | wūzi | 屋子 | 屋里 | 屋 | |
| 卧室 | wòshì | 卧室 | 睡房 | 小房子 | |
| 厨房 | chúfáng | 厨房 | 伙房 | 灶房 | |
| 厕所 | cèsuǒ | 茅厕 | 茅房 | 灰圈 | 茅厕坑 |
| 大门 | dàmén | 大门 | 街门 | 前门 | |

## 亲属称谓

| | | | | | |
|---|---|---|---|---|---|
| 祖父（爷爷） | zǔfù（yéye） | 爷爷 | 爷 | | |
| 祖母（奶奶） | zǔmǔ（nǎinai） | 奶奶 | | | |
| 外祖父 | wàizǔfù | 爷爷 | 外爷 | 外爷爷 | |
| 外祖母 | wàizǔmǔ | 奶奶 | 外奶 | 外奶奶 | |
| 父母 | fùmǔ | 父母 | 爹妈 | 娘老子 | |
| 父亲 | fùqīn | 爹 | 爹爹 | 老子 | 爸爸 |
| 继父 | jìfù | 继父 | 后老子 | 后爹 | |
| 继母 | jìmǔ | 继母 | 后妈 | 后娘 | 后娘母子 |
| 岳父 | yuèfù | 外父 | 丈人 | 老丈人 | 丈人爹 |

| 岳母 | yuèmǔ | 外母 丈母娘 老丈母娘 |
|---|---|---|
| 伯父 | bófù | 大达 大爹 大老 大伯 |
| 伯母 | bómǔ | 大妈 大妈妈 嬷嬷 |
| 叔父 | shūfù | 叔叔 爸爸 爸爷 （排行）爹 |
| 叔母 | shūmǔ | 婶婶 （排行）妈 |
| 姑姑 | gūgu | 娘娘 姑妈 姑妈妈 |
| 姑父 | gūfù | 姑父 姑爹 |
| 舅舅 | jiùjiu | 舅舅 阿舅 |
| 舅妈 | jiùmā | 舅母 |
| 姨姨 | yíyi | 姨娘 姨妈 姑妈 姨妈妈 |
| 姨父 | yífù | 姨父 姨爹 姑爹 |
| 哥哥 | gēge | 哥哥 哥 |
| 姐姐 | jiějie | 姐姐 姐 |
| 弟弟 | dìdi | 弟弟 兄弟 |
| 妹妹 | mèimei | 妹妹 妹子 |
| 儿子 | érzi | 儿子 娃子 后人 |
| 女儿 | nǚ'ér | 女儿 姑娘 丫头 |
| 孙子 | sūnzi | 孙子 孙娃子 家孙子 |
| 丈夫 | zhàngfu | 丈夫 男人 掌柜的 老汉 |
| 妻子 | qīzi | 女人 婆姨 婆娘 老婆子 屋里的 |
| 儿媳 | érxí | 儿媳妇 儿媳妇子 媳妇子 |

## 婚丧嫁娶

| 说媒 | shuōméi | 说媒 保媒 提亲 |
|---|---|---|
| 媒人 | méirén | 媒婆婆 媒婆子 介绍人 |

| 相亲 | xiāngqīn | 相亲　见面　看家道 |
|------|----------|-------------------|
| 订婚 | dìnghūn | 订婚　定亲 |
| 嫁妆 | jiàzhuang | 嫁妆　陪嫁 |
| 出嫁 | chūjià | 出嫁　出门　打发 |
| 拜堂 | bàitáng | 拜堂　拜高堂　拜天地 |
| 新郎 | xīnláng | 新郎官　新女婿 |
| 新娘 | xīnniáng | 新娘子　新媳妇 |
| 孕妇 | yùnfù | 大肚子　大肚子婆娘　怀娃的婆娘　孕妇 |
| 怀孕 | huáiyùn | 怀娃娃　怀娃了　怀上娃娃了　有了 |
| 分娩 | fēnmiǎn | 养娃娃　生娃娃　下娃娃　养下了 |
| 流产 | liúchǎn | 流掉了　造掉了　小月子　小产　小月掉了 |
| 双胞胎 | shuāngbāotāi | 双双　双双子　双双娃　双生子 |
| 满月 | mǎnyuè | 满月　出月 |
| 生日 | shēngrì | 生日　生辰 |
| 做寿 | zuòshòu | 做寿　过寿　祝寿 |
| 去世 | qùshì | 走了　老下了　缓下了　下世了　殁了　不在了　过世 |
| 自杀 | zìshā | 自杀　寻短见　寻无常 |
| 入殓 | rùliàn | 入殓　殓棺　盛殓 |
| 棺材 | guāncai | 棺材　材　寿房　寿木　老房子 |
| 出殡 | chūbìn | 出殡　送殡　送葬　埋人　发送 |
| 灵位 | língwèi | 灵位　牌位　灵牌子　神主子 |
| 纸钱 | zhǐqián | 纸钱　烧纸　纸货　阴票子　往生钱 |
| 灶神 | zàoshén | 灶王爷　灶爷　灶家爷 |

## 五官身体

| | | |
|---|---|---|
| 相貌 | xiàngmào | 相貌　模样子　长相　样子 |
| 年龄 | niánlíng | 岁数　年纪 |
| 额头 | étóu | 奔颅 |
| 耳朵 | ěrduo | 耳朵　耳刮子 |
| 鼻子 | bízi | 鼻子　鼻疙瘩 |
| 鼻涕 | bíti | 鼻子　鼻屎 |
| 嘴唇 | zuǐchún | 嘴唇子　嘴皮子 |
| 口水 | kǒushuǐ | 颌水 |
| 牙齿 | yáchǐ | 牙齿　牙 |
| 下巴 | xiàba | 下巴子 |
| 喉咙 | hóulong | 嗓子　喉咙系　葫芦系 |
| 手掌 | shǒuzhǎng | 手掌　手掌子　手心　巴掌 |
| 拳头 | quántou | 拳头　捶头　捶头子 |
| 手指 | shǒuzhǐ | 手指头　指头　指头子　指头儿 |
| 小拇指 | xiǎomǔzhǐ | 尕拇指头　小拇尕尕　小拇尕子 |
| 指甲 | zhǐjia | 指甲　指甲皮　指甲盖 |
| 胸脯 | xiōngpú | 胸脯子　腔子　胸膛　胸腔 |
| 肋骨 | lèigǔ | 肋巴骨　肋巴 |
| 肩膀 | jiānbǎng | 肩膀　胛子　胛拐子　夹膀骨 |
| 膝盖 | xīgài | 拨膝盖　拨来盖　拨嘞盖　拨膝盖子<br>拨棱盖子 |
| 脊背 | jǐbèi | 脊背　背 |
| 肚脐 | dùqí | 肚脐眼　肚脐眼子　肚目脐　肚目脐子<br>肚目脐脐 |

| 辫子 | biànzi | 辫子　顶搭子　帽盖 |
|------|--------|-------------------|
| 生病 | shēngbìng | 病了　病下了　有病了　不好下了 |
| 着凉 | zháoliáng | 着凉　着凉了　凉下了　着了凉了　凉 |
| 发抖 | fādǒu | 发抖　抖着呢　摆着哩 |
| 疤 | bā | 疤　疤疤子 |
| 感冒 | gǎnmào | 感冒了　凉着了　着凉了　伤风了 |
| 结巴 | jiēba | 结巴　结子　结嗑子　舌吃嘴 |
| 傻子 | shǎzi | 傻子　寡娃子　苕子 |
| 驼背 | tuóbèi | 驼背　背罗锅　背锅　背锅子 |
| 看病 | kànbìng | 看病　瞧病　问先生 |
| 输液 | shūyè | 输水　打吊针　打吊瓶　吊瓶子　吊水 |
| 针灸 | zhēnjiǔ | 扎针　扎干针 |
| 吃药 | chīyào | 吃药　喝药 |
| 汤药 | tāngyào | 汤药　中药　草药 |

## 动植物蔬果

| 麻雀 | máquè | 麻雀儿　雀娃子　雀儿 |
|------|-------|---------------------|
| 鸟儿 | niǎor | 鸟儿　雀儿　雀娃子 |
| 乌鸦 | wūyā | 乌鸦　老哇　黑老乌　黑老鸹 |
| 蝙蝠 | biānfú | 蝙蝠　夜别虎　列别虎　列别蜂 |
| 喜鹊 | xǐquè | 喜鹊　乞巧 |
| 翅膀 | chìbǎng | 翅膀　膀子 |
| 虫子 | chóngzi | 虫虫子 |
| 蝴蝶 | húdié | 蝴蝶　蝴蝶儿　扑腾　蛾蛾子　叶帖子<br>灯罗子 |

| 蜜蜂 | mìfēng | 蜜蜂　蜜蜂子　蜂儿 |
| 知了 | zhīliǎo | 知了　蛐蛐　秋蝉 |
| 蚯蚓 | qiūyǐn | 蚯蚓　曲蟮 |
| 蚕 | cán | 蚕　蚕儿　树神 |
| 蜘蛛 | zhīzhū | 蛛蛛　喜虫虫　喜虫子 |
| 跳蚤 | tiàozao | 跳蚤　虼蚤　臭婆姨 |
| 青蛙 | qīngwā | 癞蛤蟆　癞呱子　癞呱呱　土癞呱呱 |
| | | （青蛙与蟾蜍的统称，不区分） |
| 公牛 | gōngniú | 骚牛　脬牛　犍牛 |
| 母牛 | mǔniú | 母牛　乳牛 |
| 放牛 | fàngniú | 放牛　挡牛 |
| 猪 | zhū | 猪　猪唠唠 |
| 种猪 | zhǒngzhū | 种猪　骚猪　脚猪　牙猪　公猪 |
| 公猪 | gōngzhū | 公猪　牙猪 |
| 母猪 | mǔzhū | 母猪　老母猪　荏母猪 |
| 猪崽 | zhūzǎi | 猪娃子 |
| 养猪 | yǎngzhū | 养猪　喂猪 |
| 猫 | māo | 猫　猫儿 |
| 公猫 | gōngmāo | 公猫　公猫儿　牙猫儿 |
| 母猫 | mǔmāo | 母猫　母猫儿　女猫儿 |
| 公狗 | gōnggǒu | 公狗　牙狗 |
| 母狗 | mǔgǒu | 母狗　草狗 |
| 兔子 | tùzi | 兔子　兔儿 |
| 向日葵 | xiàngrìkuí | 向日葵　葵花　热头花　日头花儿　向黄 |
| 叶子 | yèzi | 叶子　叶叶子 |
| 花 | huā | 花　花儿 |

| 花蕾 | huālěi | 花骨朵　花骨都　花苞子　花骨朵子 |
| | | 花骨都子　花儿骨朵子 |
| 藤 | téng | 藤　藤条　藤子　秧子　廊蔓 |
| 水果 | shuǐguǒ | 水果　果子 |
| 桃子 | táozi | 桃子　桃儿 |
| 梨 | lí | 梨　梨子　梨儿 |
| 栗子 | lìzi | 毛栗子　栗子 |
| 核桃 | hétao | 核桃　核头 |
| 甘蔗 | gānzhe | 甘蔗　甜秆 |
| 蘑菇 | mógu | 蘑菇　毛菇 |
| 稻子 | dàozi | 稻子　水稻 |
| 稻谷 | dàogǔ | 稻谷　稻子　大米 |
| 小麦 | xiǎomài | 小麦　麦子 |
| 麦秸 | màijiē | 麦秆　麦秆子　麦草 |
| 玉米 | yùmǐ | 玉米　苞谷　苞米　西麦　东麦 |
| 豌豆 | wāndòu | 豌豆　小豆子　圆豆子 |
| 豇豆 | jiāngdòu | 豇豆　龙豆 |
| 包心菜 | bāoxīncài | 包包菜 |
| 菠菜 | bōcài | 菠菜　绿菠菜 |
| 香菜 | xiāngcài | 芫荽 |
| 西红柿 | xīhóngshì | 西红柿　洋柿子　柿子 |
| 南瓜 | nánguā | 南瓜　倭葫芦　红葫芦 |
| 马铃薯 | mǎlíngshǔ | 洋芋　山药 |

## 人物行为状态

| 老人 | lǎorén | 老人　老年人　老汉 |

| 男人 | nánrén | 男人　男的　爷们 |
| 女人 | nǔrén | 女人　女的　婆娘　婆姨 |
| 男孩 | nánhái | 男娃娃　娃子　男娃子　儿娃子　小子 |
| 女孩 | nǔhái | 女子　丫头　丫头子　女娃子　女娃娃 |
| 婴儿 | yīng'ér | 月娃子　月娃娃　尕娃娃 |
| 老姑娘 | lǎogūniang | 老姑娘　老丫头 |
| 亲戚 | qīnqi | 亲戚　亲亲 |
| 朋友 | péngyou | 朋友　连手 |
| 邻居 | línju | 邻居　隔壁子　邻舍　房党邻居 |
| 农民 | nóngmín | 农民　种地的　乡里人　庄稼人　农人 |
| 商人 | shāngrén | 商人　做买卖的　买卖人 |
| 手艺人 | shǒuyìrén | 手艺人　艺人　匠人 |
| 医生 | yīshēng | 医生　大夫　先生 |
| 理发师 | lǐfàshī | 理发的　剃头的　剃头匠　待招 |
| 厨师 | chúshī | 厨子　大师傅　厨大师 |
| 尼姑 | nígū | 尼姑　尼姑子　姑姑子 |
| 道士 | dàoshì | 道士　道人 |
| 乞丐 | qǐgài | 要饭的　讨饭的　叫花子　抄花子　要着吃的　要要吃 |
| 小偷 | xiǎotōu | 贼娃子　贼　绺儿匠 |
| 光棍 | guānggùn | 光棍　光棍汉　单身汉 |
| 绰号 | chuòhào | 外名　妖名　妖号　后名字 |
| 松手 | sōngshǒu | 松手　撒手　放手 |
| 挂念 | guàniàn | 挂念　想着　念叨　念过 |
| 热闹 | rènao | 热闹　红火 |
| 坚固 | jiāngù | 结实　牢实　牢　牢得很 |

| 肮脏 | āngzāng | 邋遢 脏得很 懊糟 脏 |
| 干活儿 | gànhuór | 干活 做活 |
| 事情 | shìqing | 事情 事儿 事 |
| 打工 | dǎgōng | 打工 帮工 做活 搞副业 干临时工 |
| 折扣 | zhékòu | 折扣 打折 |
| 亏本 | kuīběn | 亏本 折本 赔了 赔 |
| 路费 | lùfèi | 路费 盘缠 |
| 做买卖 | zuòmǎimai | 做买卖 做生意 干买卖 |
| 变魔术 | biànmóshù | 耍魔术 耍把戏 变戏法 |
| 讲故事 | jiǎnggùshi | 讲故事 讲古今 喧谎儿 |
| 猜谜 | cāimí | 猜谜语 猜灯谜 猜谜儿 猜古今 |
| 玩耍 | wánshuǎ | 玩 耍 |
| 串门 | chuànmén | 串门 串门子 浪门子 走人家 |
| 走亲戚 | zǒuqīnqi | 走亲戚 串亲戚 浪亲戚 走亲亲 转亲亲 |
| 眨眼 | zhǎyǎn | 眨眼 挤眼 |
| 收拾 | shōushi | 收拾 拾掇 |
| 害怕 | hàipà | 害怕 怕 怯 怯陈 |
| 相信 | xiāngxìn | 相信 信 |
| 喜欢 | xǐhuān | 喜欢 爱 心上来 |
| 讨厌 | tǎoyàn | 讨厌 着气 见不上 |
| 舒服 | shūfu | 舒服 舒坦 |
| 难受 | nánshòu | 难受 难过 |
| 生气 | shēngqì | 生气 着气 |
| 责怪 | zéguài | 责怪 怪怨 |
| 忌妒 | jìdu | 忌妒 眼热 眼红 妒忌 不服 |

| 害羞 | hàixiū | 害羞　羞　羞脸大　害臊 |
| 欺负 | qīfu | 欺负　欺搅　欺压　欺干 |
| 不懂 | bùdǒng | 不懂　不会 |
| 可以 | kěyǐ | 可以　能 |
| 聊天 | liáotiān | 喧　喧谎 |
| 吆喝 | yāohe | 喝　吼　喊　喊叫　呱喊 |
| 哭 | kū | 哭　嚎 |
| 吵架 | chǎojià | 吵仗　嚷仗 |
| 撒谎 | sāhuǎng | 编谎　说谎　说白话 |
| 吹牛皮 | chuīniúpí | 吹牛皮　吹牛　吹　说大话 |
| 拍马屁 | pāimǎpì | 拍马屁　溜沟子　舔沟子　巴结 |
| 开玩笑 | kāiwánxiào | 开玩笑　说笑话　说笑 |
| 告诉 | gàosù | 告诉　说　说给 |
| 谢谢 | xièxie | 谢谢　谢了　麻烦了　麻烦你了 |
| 宽敞 | kuānchang | 宽敞　宽展　宽活 |
| 矮 | ǎi | 矮　矬　尕　个子小 |
| 结实 | jiēshi | 结实　牢实　硬邦 |
| 瘦弱 | shòuruò | 瘦　瘦得很　干　瘫　肌瘦 |
| 漂亮 | piàoliang | 漂亮　俊　心疼　秀气　亮豁　乖 |
| 勤快 | qínkuai | 勤快　勤谨　勤 |
| 小气 | xiǎoqì | 小气　啬皮　啬　抠 |
| 肯定 | kěndìng | 肯定　保险　保证　把稳 |
| 可能 | kěnéng | 可能　也许　哈巴　怕 |
| 如果 | rúguǒ | 如果　但　要是 |

# | 第五章 |

# 兰银官话与普通话语法使用的主要差异

## 一、兰银官话与普通话语法使用的主要差异

从语法上来说，兰银官话与普通话大体一致，但部分词法句法与普通话有一定的差异，呈现出兰银官话的特点，主要表现为以下几点：

1. 相比于普通话，兰银官话的"子"尾、"儿"尾、重叠词、"重叠词+子"的词汇较多，用以表示小称和一定的感情色彩，这是兰银官话构词法方面的一大特色。（见第三章《兰银官话特殊词汇与普通话词汇对照表》）。

2. 兰银官话指示代词中，除使用"这""那"表示近指和远指的人和事物外，普遍存在利用长短音来表示近指、远指、更远指的区别。读音的长短还具有表示处所或路途远近的语法功能。读音短暂，表示距离较近；读音延续时间较长，表示距离比较远。例如：多地分别用"那里——那（音节延长）里""兀搭——兀（音节延长）搭——兀（音节延长）搭搭"等表示远指、更远指。

3. 兰银官话的"给"字句中，"'给'除了和普通话一样具有动词（给₁）和介词（给₂）的性质，还可以附着在动词后面（给₃）使

该动词结构具有交付、给出、传递、施与等意义。最常见的是附在动词'给'后面，与'给'连用，也可以附着在有给予义的动词'送、借、捐、卖'等之后，或附着于非给予义的动词、甚至形容词'吃、喝、喂、帮、跑、看、说、做、打、揪、掐、切、亮、忙、高兴'等之后。"（见张燕来《兰银官话语音研究》第36页）例如："打给了一下。""他给给我五张电影票。""你给我帮给起忙。""我的衣服你给给给小弟了。""发票早就给他开给了。""热给几天就过去了。""一下把人灌醉给了。""你给他给给一本书。""给给没给给？""给他吃给喝给。""我给他一本书看给。""我给他给给一本书。""他给媳妇子给给哩。""让老师骂给了一顿。""他给我给给了一百块。""他根本给我不给。""我买的东西给你给给给人了。"

4.普通话中的选择问句常用"是、还是"连接分句，常用的语气词是"呢、啊"。兰银官话选择问句完全以语气词作为形式标志，语气词的语法功能相当于普通话中的连词，选择问句中的语气词在各地不完全一致。例如："你抽烟了吗，是喝茶哩？""你抽烟哩么？喝茶哩？""你抽烟嘛，喝茶嘛？""他抽烟呢么，是喝茶呢？""你抽烟呢，喝茶呢？""你吃米饭呢，还是吃馍馍呢？""你吃米饭呢吗，还是吃馍馍呢？""你吃米饭哩吗，还是吃馍馍哩？""你吃米饭哩啊，还是吃馍馍哩？""你吃米饭哩啊，还是吃馍馍哩？""明天他来呢么，是我去呢是？""这个活是他干着呢，还是你干着呢？""你是走哩嘛站哩？""看书呢么看报纸呢？"

5.兰银官话中否定副词和动词结合紧密，否定词直接放在动词前面对动词否定，而不是对状语否定，这种语序和普通话很不相同。例如："把门不要关。""那块地我还给你没淌上水。""这个话甚不说。""饼子一挂没吃。""平时甚没人来。""甚没人去。""老王的职称没事了，评委没通过。""隔壁王大爷病得不行行了。"兰银官话的有些方言区分全部否定和部分否定的语法意义时，以在动词后加补语"完、上"的方式来表示部分否定，如金城片的红古、西固、永登，河西片的天祝等地。例如："饼子一挂没吃完。""饼子全没吃上。""我从来就把你莫看上过。"

## 二、兰银官话与普通话语法表达对照

为便于本方言区的人在学习普通话的过程中能准确的表达，针对兰银官话与普通话语法表达上的差异，特列出兰银官话与普通话常用句子对照表，便于大家学习。

普通话与兰银官话常用句子对照表

| 序号 | 普通话 | 兰银官话 |
| --- | --- | --- |
| 1 | 你平时抽烟吗？ | 烟你（平时）抽着呢没？ |
| | | 你平时吃烟着呢吗？ |
| | | 你平时烟吃着咧？ |
| | | 你平日吃烟着哩没有？ |
| 2 | 你告诉他这件事了吗？ | 致个事你给那说给了没有？ |
| | | 致个事情你给那说给了？ |
| | | 你跟那说致件事咧吗？ |
| | | 你给那把致个事情说了没？ |
| 3 | 我告诉他了。 | 给那说给了。 |
| | | 我给那说了。 |
| | | 我说给伢了。 |
| 4 | 你到底答应不答应他？ | 你把那到底答应不答应？ |
| | | 你给那到底答应不答应？ |

你到底给那答应哩吗不答应？

你到究给伢答应啊吧？

5　你把碗洗一下。　　　　你把碗洗到去。

你把碗洗给一下。

你把碗洗倒呱。

你把碗洗喀。

6　老师给了你一本很厚的　老师给你给了一本厚书吣？
　　书吧？　　　　　　　老师给了你一本厚厚的书吧？

老师给你给了厚得很的一本书吧？

7　我给你的书是我舅舅写的。我给你给下的那本书是我舅舅写下的。

我给给你的书是我舅舅写的。

我给你给下这书是我阿舅写下着。

我给你的书是我舅舅写下的。

8　你在唱什么？　　　　　你唱啥着呢（哩）？

你唱的啥？

你唱的啥吣？

9　你吃米饭还是吃馒头？　你吃米饭呢，还是吃馍馍呢？

你吃米饭呢吗，还是吃馒头呢？

你吃米饭哩啊，还是吃馍馍哩啊？

10　你是抽烟还是喝茶？　　你抽烟哩么，喝茶哩？

你抽烟嘛，喝茶嘛？

你抽烟呢，喝茶呢？

11　这部电影他看过了。　　那把致个电影看了。

致部电影那看过咧。

兹个电影驾早就看过了。

伢这个电影看过了。

12　我吃过兔子肉，你吃过　　兔子肉我吃过了，你吃过了没有？
　　没有？　　　　　　　　兔子肉我吃过，你吃过没有？
　　　　　　　　　　　　　我吃过兔儿肉，你吃过啊没啊？
　　　　　　　　　　　　　我吃过兔子肉，你吃过啊嘛？

13　他一高兴就唱起歌来了。　那一娆就唱脱了。
　　　　　　　　　　　　　那一娆就唱开歌了。
　　　　　　　　　　　　　伢一高兴就哼唧开了。

14　他在电视机前看着看着　　电视那看着看着睡着了。
　　睡着了。　　　　　　　那电视看着看着那睡着着哩。
　　　　　　　　　　　　　伢看电视的哩啊，看的看的睡着了。
　　　　　　　　　　　　　家在电视前看着看着睡着了。

15　我给了他一本书。　　　　我给他给给一本书。
　　　　　　　　　　　　　我给给他一本书看给。

16　帽子被风吹走了。　　　　帽子风刮到了。
　　　　　　　　　　　　　帽子叫风刮掉了。
　　　　　　　　　　　　　帽子叫风吹到了。
　　　　　　　　　　　　　帽子都被风刮掉咧。
　　　　　　　　　　　　　帽子叫风刮上走掉了。

17　他们在教室都装上了空调。那们教室里都把空调装上了。
　　　　　　　　　　　　　伢们把教室里都装上空调了。
　　　　　　　　　　　　　驾们给教室里一挂装上了空调。

18　他把橘子剥了皮，但是　　那把橘子皮剥掉了，可没有吃。
　　没吃。　　　　　　　　那把橘子皮剥到了，可那没吃。
　　　　　　　　　　　　　伢把橘子皮剥掉了，可是没吃啊。

19　丽丽被坏人抢走了一个包。丽丽的包叫坏人抢走了。
　　　　　　　　　　　　　丽丽的包包子叫坏人抢掉了。
　　　　　　　　　　　　　丽丽的包包叫坏人刁上走掉了。
　　　　　　　　　　　　　丽丽的包叫贼刁掉了。

20　墙上贴着一张地图。　　　　墙上挂着一张地图。

墙上贴下着一张地图。

墙高头挂了一张地图。

21　床上躺着一个老人。　　　　床上躺着一个老汉。

炕上躺下个老汉哩。

床上躺的一个老年人。

22　我们是在车站买的车票。　　致个票我们是到车站上买下的。

我们是在车站上买下的车票。

我们的车票是在车站上买的。

我们是车站买下着票。

23　河里游着好多小鱼。　　　　沟里游着些小鱼儿。

河里头麻拉拉的尕鱼儿游着哩。

好多鱼娃子在河里游的哩啊。

好多尕鱼儿在河里游着呢。

致个河里尕鱼儿多。

24　前面走来了一个胖胖的　　　前面过来了一个尕胖子。
　　小男孩。
　　　　　　　　　　　　　　前头来了个尕胖娃。

前头来了一个胖胖的小娃子。

前面个来了个胖乎乎的儿娃子。

25　他家一下子死了三头猪。　　那们屋里的猪一起子死掉了三个。

伢们家里一下子死掉了三头猪。

家们家三个猪儿一挂死倒了。

家屋里一下死了三个猪。

26　这辆汽车要开到兰州去。　　致是往兰州开的车。

致个汽车那兰州去哩。

这辆汽车开到兰州去哩啊。

致个汽车开上了兰州去哩。

致个车要开到兰州去呢。

27 学生们坐汽车坐了整整　　娃娃们把车坐了整整的两天。
　　两天了。　　　　　　　学生娃们坐了两天的汽车。

　　　　　　　　　　　　　学生们坐汽车坐了整整两天了。

　　　　　　　　　　　　　学生们汽车坐给了整整儿两天。

　　　　　　　　　　　　　学生们整整坐了两天车。

　　　　　　　　　　　　　学生们汽车坐了两天了。

　　　　　　　　　　　　　学生们坐了整整两天汽车了。

28 你尝尝他做的点心再走吧。　你尝一下那做的点心再走。

　　　　　　　　　　　　　你尝一个家做下着点心再走哟。

　　　　　　　　　　　　　你尝喀家做下的点心了再去。

　　　　　　　　　　　　　你尝喀家做的点心再走吧。

29 你算算看，这点钱够不　　你算一下，钱够不够花？
　　够花？　　　　　　　　你算喀，这些钱够不够哟？

　　　　　　　　　　　　　你算给下，这些钱儿够不够啊？

　　　　　　　　　　　　　你算喀，兹么点钱够不够花？

　　　　　　　　　　　　　你算一下，看致些钱够不够？

　　　　　　　　　　　　　你算喀，这些钱够啊吧？

30 上次只买了一本书，今　　上次只买了一本书，今个我要多买几本。
　　天要多买几本。　　　　上一回买，才买了一本儿书，今个天
　　　　　　　　　　　　　要多买几本书哩。

　　　　　　　　　　　　　上次就买了一本书，今个（子）要多
　　　　　　　　　　　　　买上几本书。

　　　　　　　　　　　　　上一回刚买了一本儿书，今儿个我多
　　　　　　　　　　　　　买几本。

　　　　　　　　　　　　　上会就买了一本书，今个我要多买几本。

31 你比我高，他比你还要高。　你比我高，那比你还高。

　　　　　　　　　　　　　你比我大，家比你还大。

你比我高，伢比你还高。

你比我高些，那比你还高些。

32  老王跟老张一样高。　　老王连老张那一样大呗。

老王跟老张一样高。

老王连老张一样儿大。

老王连老张一样高。

老王和老张一般高。

33  我走了，你俩再多坐一　　我走了，你们两个再坐喀。

会儿。　　　　　　　　我先走哩啊，你们两个再坐一坐。

我先走了，你们两个再多坐一会儿。

我先走，你们两个再坐一坐。

我走吧，你们两个再坐一坐。

34  我说不过他，谁都说不　　我说不过他，谁都把那没治。

过这个家伙。　　　　　我说不过那，致个家伙那谁都说不过。

我说不过家，谁也说不过这个家伙。

家哈我说不过，致个家伙谁都说不过。

兹个家伙，不光我说不过，谁都说不过。

我说不过那，谁都说不过那。

35  这是谁写的诗？　　　　这个诗是谁写下的？

兹是谁写下的诗？

致个诗是谁一个写下的？

这个诗是谁写的？

36  那个卖药的骗了他一千　　赖个（那个）卖药的哄掉了他一千块钱。

块钱呢。　　　　　　　赖个卖药的骗了他的一千块钱哩啊。

赖个卖药的骗了家一千块钱。

赖个卖药的把家的一千块钱骗掉了。

赖个卖药的把那的钱骗到了一千大。

37 快要下雨了，你们别出　　快下雨了，你们不要出去了。
　　去了。　　　　　　　　　就快下雨了，你们不了出去了。
　　　　　　　　　　　　　　眼看下雨了，你们再甓出去。
　　　　　　　　　　　　　　就下开雨了，你们就不了出去了。
　　　　　　　　　　　　　　快下雨咧，你们不要去咧。

38 这毛巾很脏了，扔了它吧。　致门脏的毛巾，撇到去。
　　　　　　　　　　　　　　致个毛巾脏兮兮的，快扔掉去吧。
　　　　　　　　　　　　　　致个手巾致们脏着，撂倒去。
　　　　　　　　　　　　　　致个毛巾脏得很，撂倒去。
　　　　　　　　　　　　　　这个毛巾脏得很了，快丢掉吧。

39 我洗过澡了，今天不打　　我刚洗下澡，今天就不再打球去了。
　　篮球了。　　　　　　　　我将儿洗罢澡，今个天再不打篮球了。
　　　　　　　　　　　　　　我洗了澡儿了，今个子就不打篮球了。
　　　　　　　　　　　　　　我刚洗了个澡，今儿个篮球不打去了。
　　　　　　　　　　　　　　我洗了澡了，今个就不打篮球了。
　　　　　　　　　　　　　　我洗下澡了，今个天篮球不打了。
　　　　　　　　　　　　　　我洗了澡了，今个不想打篮球了。

40 明天刘经理会来公司吗？　刘经理明个到公司里来不来？
　　　　　　　　　　　　　　明个天刘经理公司里来不来哟？
　　　　　　　　　　　　　　明个子刘经理公司里来啊吧？
　　　　　　　　　　　　　　明儿个刘经理公司里来（哩吗）？
　　　　　　　　　　　　　　刘经理明个公司里来不来？

41 我上个月借了他三百块钱。上个月我借了那三百块钱。
　　　　　　　　　　　　　　我上个月借了伢的三百块钱。
　　　　　　　　　　　　　　我上个月借了家的三百块钱。

42 我上个月借（给）了他　　上个月我给那借给了三百块钱。
　　三百块钱。　　　　　　　上个月我给家借给了三百块钱儿。

　　　　　　　　　　　　　　我上个月给家借了三百块钱。

　　　　　　　　　　　　　　我上个月借给家了三百块钱。

43　这孩子不好好吃饭。　　　这娃娃不好好吃饭。

　　　　　　　　　　　　　　这娃子不好好吃饭。

　　　　　　　　　　　　　　这个娃娃不好好吃饭。

44　把那本书拿过来。　　　　把那本书拿得来。

　　　　　　　　　　　　　　把那本书拿底来。

　　　　　　　　　　　　　　把那本书拿过来。

45　我一会儿给你送去。　　　我一会会给你送来个。

　　　　　　　　　　　　　　我一阵儿给你送得去。

　　　　　　　　　　　　　　我一护子给你拿的去。

　　　　　　　　　　　　　　等一会我给你送里去。

　　　　　　　　　　　　　　我一会会给你送了去。

　　　　　　　　　　　　　　我眼前给你送来个。

　　　　　　　　　　　　　　我一阵儿给你送来个了。

　　　　　　　　　　　　　　我一阵儿给你送得个。

　　　　　　　　　　　　　　我一会给你拿过去。

46　他去城里了。　　　　　　那去城里了。

　　　　　　　　　　　　　　那城里去了。

　　　　　　　　　　　　　　那到城里去了。

　　　　　　　　　　　　　　他走了城里了。

　　　　　　　　　　　　　　他走城里去了。

　　　　　　　　　　　　　　他到城上去了。

　　　　　　　　　　　　　　他城上去了。

　　　　　　　　　　　　　　他去了城里去了。

　　　　　　　　　　　　　　他城里去了。

　　　　　　　　　　　　　　他到城里去了。

47　我要去城里。　　　　　我走城里去哩。

我走城去哩。

我到城里去哩。

我到城上去哩。

我去城里去哩。

我城里去哩。

48　他要来兰州。　　　　　他到兰州来呢。

他到兰州来哩。

他要到兰州来哩。

那来兰州哩。

他要兰州来哩。

他要兰州来了。

49　明天去银川办事儿。　　明个走银川办事去哩。

明个走银川办个事去哩。

明个到银川办个事情去哩。

明个到银川办个事。

明个子去银川办事儿去哩。

明个子到银川办事儿去哩。

明个银川办个事。

50　你快去叫客人进来。　　你快叫客人进来。

你快把客人请到屋里来。

你快把客人喊进来。

你快去叫客人进来。

你快去把客人喊进来。

51　我去过三趟北京。　　　我北京去过三趟。

我去过北京三回。

北京我去了三回。

我去过三回北京。

我到北京去过三回。

我北京去过了三回了。

我北京去给了三回了。

我到北京去了三回了。

52 路上停着一辆车。　　路上停的一辆车。

路上停底一辆车。

路上停着底一辆车。

路上停着一个车。

路上停着个车。

路上站的一辆车。

53 天冷起来了。　　　天还冷的呢。

天冷开了。

天爷冷开了。

天冷脱了。

54 他们俩说开话了。　那们两个说开话了。

他们两个说开话了。

他们两个人说开话了。

他们说开话了。

55 我刚说了两句她就哭开了。　我将说了两句那就嚎开了。

我刚说了两句伢就嚎开了。

我刚说了两句她就嚎开了。

我刚说了两句她就哭开了。

我刚说了两句她就嚎脱了。

56 这孩子一进门就开始吃了。　这娃子一进门就吃开了。

|                           | 这娃娃一进门就吃开了。 |
|---------------------------|------------------------|
|                           | 这娃娃一进门就吃脱了。 |
| 57  我做上饭了。          | 我做下饭了。           |
|                           | 我把饭做上了。         |
|                           | 我把饭做下了。         |
|                           | 我饭做上了。           |
|                           | 我做上饭了。           |
| 58  我明年就毕业了。      | 我明年就毕业哩。       |
|                           | 我明年个就毕业了。     |
|                           | 我明年毕业哩。         |
|                           | 我过年就毕业咧。       |
|                           | 我过年毕业呢。         |
| 59  我昨天见到他来了。    | 我夜个见那来。         |
|                           | 我昨个见他来。         |
|                           | 我夜里个见他来。       |
|                           | 我夜里个见了他了。     |
|                           | 我夜个子还见他来。     |
|                           | 我夜个见他了。         |
| 60  他把碗打烂了。        | 那把碗打烂了。         |
|                           | 那把碗给打烂了。       |
|                           | 他把碗给打掉了。       |
|                           | 他把碗打掉了。         |
| 61  这个问题我没想好。    | 致个问题我还没想好。   |
|                           | 致个问题我还没想好哩。 |
|                           | 致个事情我还没想好哩。 |
|                           | 我把致个事情还没想好。 |

致个问题我没想好。

我把致个问题没想好。

62　叫他把我训了一顿。　　那把我训给了一顿。

叫他把我训了一顿。

叫他把我训给了一顿。

63　给我一支笔。　　　　那给了我一个笔。

那给给我一个笔。

给我给上一支笔。

给上我一支笔。

给我一个笔。

给我给个笔。

给我给下一个笔。

给我给一支笔。

给我个笔。

给我给上个笔。

64　把这支笔给他。　　　把致个笔给给他。

把致支笔给他给给。

把致个笔给他。

致个笔给他给给。

把致个笔给给他去。

这支笔给给他。

把这支笔给给他。

65　他可是个好人。　　　那可是个好人。

那是个好人。

伢可是个好人。

伢是个好人。

|    |                        | 乜是个好人。          |
|----|------------------------|----------------------|
|    |                        | 他是个好人。          |
| 66 | 饼子没有全吃完。        | 饼子一挂没吃完。      |
|    |                        | 饼子全没吃上。        |
| 67 | 饼子全没吃。            | 饼子一挂没吃。        |
| 68 | 给了没有?               | 给给没给给?           |
| 69 | 他根本不给我。          | 他根本给我不给。      |
| 70 | 让李师傅吃喝。          | 给李师傅吃给喝给。    |
| 71 | 打了一巴掌。            | 打给了一巴掌。        |
| 72 | 被老师骂了一顿。        | 让老师骂给了一顿。    |
| 73 | 他给了我两张电影票。    | 他给给我两张电影票。  |
| 74 | 他给媳妇了。            | 他给媳妇子给给哩。    |
| 75 | 他给了我一百块。        | 他给我给给了一百块。  |
| 76 | 让孩子吃吧。            | 给娃娃吃给。          |
| 77 | 你给我帮个忙。          | 你给我帮给起忙。      |
| 78 | 发票早就给他开了。      | 发票早就给他开给了。  |
| 79 | 热几天就过去了。        | 热给几天就过去了。    |
| 80 | 我从来没看上过你。      | 我从来就把你莫看上过。|
| 81 | 这个能吃。              | 这个吃得成。          |
| 82 | 平时没人来。            | 平时甚没人来。        |
| 83 | 这个话不说了。          | 这个话甚不说。        |
| 84 | 你走时来家里一趟。      | 你走开了来家里一趟。  |
| 85 | 人走了,我们说我们的。   | 人走了,我们照说我们的。|
| 86 | 一边喝水,一边看书。     | 一边喝着水,一边看着书。|
| 87 | 学生走没走?             | 学生娃娃走了没是?     |
| 88 | 明天是他来还是我去?     | 明天他来呢么,是我去呢是?|
| 89 | 你是走还是不走?         | 你是走哩嘛,站(住)哩?  |

| | | |
|---|---|---|
| 90 | 星期天你们加班吗？ | 星期天你们加班不？ |
| 91 | 这个人干活干得好吗？ | 这个人干活干得好不？ |
| 92 | 把人饿死了。 | 把人饿零干了。 |
| 93 | 他高兴极了。 | 他高兴完勒。 |
| 94 | 今天热得很。 | 今儿热咂了。 |
| 95 | 我不认识他。 | 我认不得他。 |
| 96 | 家里来的谁？ | 家呢来得谁咹？ |
| 97 | 这只鸡别杀了。 | 这只鸡嫑杀了。 |
| 98 | 小张的个子能比小王高吗？ | 尕张的个子能高过尕王吗？ |
| 99 | 你还能的不行。 | 把你还能得不行行呢。 |
| 100 | 他想得美。 | 把他想得美的。 |
| 101 | 我上街呢。 | 我走街去呢。 |
| 102 | 你家在哪儿呢？ | 你家在哪里呢是？ |
| 103 | 美得很！ | 美气得很！ |

# 第六章
# 朗　　读

## 一、什么是朗读

朗读是将书面语言转变为形象生动、发音规范的有声语言的再创作活动。

朗读不同于一般意义的阅读，它能通过富于技巧、富于情味的声音形象来弥补文字表达的不足。正如鲁迅所说的那样，中国文字有三美："意美以感心，一也；音美以感耳，二也；形美以感目，三也。"（鲁迅《汉文学史纲要》）声音美就需要朗读来实现。朗读者在理解作品内容的基础上，激发起内心感受，产生真实的感情，再通过富有感染力的声音，准确生动地再现作品的思想内容及艺术形象。使听众身临其境地受到感染，引起共鸣，从而加深对作品的理解。

## 二、朗读的作用

朗读可以推广普通话，促进语言规范化。经常练习朗读是改变我们发音习惯的好方法，它能够有效地纠正我们不正确、不规范的发音，让我们在使用普通话的过程中使声、韵、调发音更加标准和规范；它也能够培养良好的语感，提高我们的口语表达能力；它还可以培养高尚的审美情趣，提高我们的艺术鉴赏能力。

朗读促使我们把作品的书面语言转换为有声语言，在这一过程中，我们可以广泛吸取古今中外名家语言的精华，积累语言素材，使口语表达词汇丰富多彩、生动活泼和更富感染力。

朗读还可以进一步提高我们的理解能力，锻炼我们的思维能力。朗读者从准备朗读开始，直到最后完成朗读，始终处于积极的思维状态。练习朗读，对于朗读者的逻辑思维能力和形象思维能力都有极大的提升作用。

## 三、朗读的基本要求

朗读应使用规范的普通话，注意声、韵、调到位，吐字清晰，发音响亮，准确地表达作品的思想内容。朗读时，要忠实于原作品，做到不丢字、不添字、不改字、不读错字，要把语句读得流畅自然。

朗读者的任务，是把书面作品的内涵，通过自己的有声语言创造性地再现给听众。因此，朗读者既要与作者心灵相通，又要与听众神情交流；既要感染自己，又要使听众产生共鸣。这就要求朗读时既不能拿腔拿调，又不能毫无感情。要做到"读而不板，说而不演"（张颂《朗读学》第238页，湖南教育出版社2010版），达到声情合一，返璞归真的境地。朗读时要避免机械地把文字变成声音，单纯照字读音，或从头到尾没有高低起伏，没有感情色彩的"念经式"和"念字式"。朗读要根据作品的内容、风格在理解作品的基础上，通过形象感受和逻辑感受把握朗读的语气、语调；在有内心感受的基础上，采用不同的方式和表达技巧将作品的思想内容和情感表达出来。

朗读过程中需要注意句子的停顿、声音的轻重快慢和高低长短等语调方面的变化。句子的停顿除了语法结构上的停顿一般用标点符号表示外，有时为了突出某一事物，强调某一观点，表达某种感情，也可以在句中没有标点符号的地方进行适当的逻辑停顿，从而准确充分地表达思想感情。声音的轻重快慢和高低长短则表现在重音、语速、节奏和句调等方面。按照语法结构的特点重读的为语法重音，为了突出句子中的主要思想或强调特殊感情而重读的为逻辑重音，重音位置表达的不同，可以表现出不同的思想感情。同样，语速的快慢处理、节奏的长短缓急、句调的高低起伏都要随着作品中情感的变化而变化，从而表现出一定的高低起伏、抑扬顿挫，对于表达不同的情感有着重要的作用。这样才能把握好朗读的分寸，做到正确理解与准确表达的统一，思想感情与语言技巧的统一，表达形式与体裁风格的统一。

## 四、朗读作品范例

下面以《普通话水平测试实施纲要》中两篇朗读篇目《繁星》《海滨仲夏夜》为例，结合本方言区在朗读中需要注意的常见语音问题进行说明。

（一）在朗读上述两篇作品时，首先要根据兰银官话声母与普通话声母的主要不同之处进行辨别，尤其是要注意以下几点：

1.兰银官话零声母中只有开口呼、齐齿呼、撮口呼，普通话中的合口呼零声母字在兰银官话中读为［v］声母，其中零声母u韵母字在兰银官话多地方言中读作vu。如两篇作品中的"我爱、夜晚、望着、忘记、无处不在、周围、飞舞、微笑、因为、变为、围绕、乌蓝、温柔、香味、余温、岗位"等。

2.在兰银官话中，z、c、s和zh、ch、sh也不同程度地存在着混读现象，即将一部分zh、ch、sh声母的字读为z、c、s声母，如两篇作品中的"时候、使我们、就是、似的、认识、这时、指点、简直、消失、只有、城市、炙晒、煞是"等。其次，一些地区zh、ch、sh、r声母与u开头的合口呼韵母配合的字，分别读作唇齿音［pf］［pfh］［f］［v］，如两篇作品中的"无处不在、很熟、无数、清楚、呈现出、出现、注目、各处、珍珠、发出、说不出"等。

3.n和l在有些地方是不分的，或者是部分相混的。如两篇作品中的"院里、纳凉、蓝色、哥伦波、落山、那里、心里、乌蓝、残留"等。在兰银官话很多方言中，舌尖浊鼻音n与舌面浊鼻音［ȵ］互补分立。［ȵ］与齐齿呼、撮口呼的韵母相配合，如两篇作品中的"三年"；n与开口呼、合口呼的韵母相配合，如两篇作品中的"纳凉、南京、那时候、跑呢、那么、夜色加浓、那些"等。

4.普通话里单韵母i、y的零声母字，在兰银官话部分方言中，会在音节的开头处加声母［z］，如两篇作品中的"一切、一片、一排、愉快、一种、余温"等。同时注意，兰银官话个别方言中还在以i开头的零声母音节前加上了舌面浊鼻音［ȵ］，如两篇作品中的"肉眼"。

5.普通话中没有舌根浊擦音［ɣ］这个声母，但兰银官话的部分方言在开口呼零声母前加了［ɣ］声母，如两篇作品中的"我爱"。

（二）在朗读以下两篇作品时，还要根据兰银官话韵母与普通话韵母的主要不同之处进行辨别，尤其是要注意以下几点：

1.兰银官话中前鼻音韵母多归入后鼻音韵母，部分地方后鼻音韵母归入前鼻音韵母。如武威等地区的人在朗读作品时应注意不要将韵母an、ian、uan、üan与ang、iang、uang、üang相混。如两篇作品中的"但我、星天、从前、家乡、夜晚、庭院、纳凉、看天上、繁星、望着、忘记、仿佛、三年前、地方、便看见、上面、菜园、蓝天、星光、肉眼、虽然、光明、好像、常常、谈话、一样、相对、躺在舱面上、仰望天空、蓝色、悬着、渐渐地、眼睛、梦幻、眨眼、现在、明亮、算是、一番、指点、果然、看清楚、夕阳、落山、西方、天空、燃烧、晚霞、霞光、染成、壮观、每当、波浪、浪峰上、又红又亮、简直、就像、一片片、火焰、闪烁、后面、渐渐地、淡下去、颜色、变成、浅红、红光、突然、显得、高而远、出现、蓝色、天幕上、广漠、放射、光辉、活像、一盏、悬挂、苍空、亮了、海港、山坡上、一片、灯光、半空、乌蓝、海面上、晃动、像一串、苍穹、互相、好看、软绵绵、沙滩、沿着、海边、慢慢地、向前、细软、晚来、凉爽、飘荡、田禾、相混合、香味、柔软、残留、白天、太阳、岗位上、一天、三三两两、凉爽、望着、缀满"等。

2.兰银官话韵母中无o韵母，声母b、p、m、f与韵母e配合。普通话中韵母o除了在"哦""噢"等叹词中自成音节外，只与声母b、p、m、f相配合，所以读时需注意要圆唇，如两篇作品中的"模糊、哥伦波、广漠、山坡、抚摸"等。

3.在兰银官话中，复元音韵母的发音存在复元音韵母单元音化和动程不足等现象。如有些地区将ao、iao、ai、uai读作［ɔ］［iɔ］［ɛ］［uɛ］。所以在发音时需注意舌位的高低、前后及唇形的圆展变化都要到位，形成一定的动程。如两篇作品中的"回到、一道、微小、好像、摇摇欲坠、小声、怀抱、微笑、小孩子、腿和脚、腰带、燃烧、更要、消失、高而远、围绕、最早、高空、倒映、飘飘地、飘荡、好看、劳动、说笑、我爱、在家、怀里、打开、菜园、大海、一排排、过来、海港、晚来、还残留着、白天、太阳、炙晒、愉快"等。

4.兰银官话多地方言中单韵母i、u、y发音时存在一定程度的摩擦或有唇齿化现象，如两篇作品中的"一切、乌蓝"等。韵母u、y与声母b、p、m、f、d、t、j、q、x相拼时，带有唇齿摩擦特征。在发音时注意要避免唇齿的摩擦。如两篇作品中的"仿佛、母亲、密布、不在、读一些、巨人、橘红色、肃穆、天幕、注目、下去、突然、走去、抚摸、说不出、吹拂、沐着"等。

（三）在朗读以下两篇作品时，还要根据兰银官话声调与普通话声调的主要不同之处进行辨别，尤其是要注意以下几点：

1.与普通话的声调调值相比较，兰银官话的调值存在平调音高上不去（普遍为44调）、全降调降得不彻底（普遍为53调）、升调升不上去（普遍为13调或24调）的情况。

2.与普通话的声调调类相比较，兰银官话中一些地区的调类存在阴平与阳平、阴平与上声、阳平与上声不分的现象。因此，兰银官话方言区的人在学习普通话的过程中要注意解决以上的问题，读准普通话的声调。

3.注意变调问题。为便于学习掌握，文章后面的语音提示中凡涉及"一""不"的变调问题均按变调音进行标注，轻音不标调。

4.兰银官话中前鼻音韵母多归入后鼻音韵母，部分地方后鼻音韵母归入前鼻音韵母。针对这一问题，在两篇作品中对于容易相混的9个前、后鼻音韵母下用划线以示区分，前鼻音"en、in、uen、ün"的字加"＿"，后鼻音"eng、ing、ueng、iong、ong"的字加"＿"来进行标注。

### 作品1号

我爱月夜[1]，但我也爱星天。从前在家乡七八月[2]的夜晚在庭院里纳凉的时候，我最爱看天上密密麻麻[3]的繁星。望着星天，我就会忘记一切，仿佛回到了母亲的怀里似的[4]。

三年前在南京我住的地方有一道[5]后门，每晚我打开后门，便看见一个静寂[6]的夜。下面是一片菜园，上面是星群密布[7]的蓝天。星光在我们的肉眼里虽然微小，然而它使我们觉得[8]光明无处不在[9]。那时候我正在读一些天文学[10]的书，也认得一些星星，好像它们就是我的朋友[11]，它们常常在和我谈话一样。

如今在海上，每晚和繁星相对，我把它们认得很熟[12]了。我躺在舱面上，仰望天空。深蓝色的天空里悬着无数半明半昧[13]的星。船在动，星也在动，它们是这样低，真是摇摇欲坠[14]呢！渐渐地我的眼睛[15]模糊[16]了，我好像看见无数萤火虫[17]在我的周围飞舞。海上的夜是柔和的，是静寂的，是梦幻的。我望着许多认识的星，我仿佛[18]看见它们在对我眨眼，我仿佛听见它们在小声说话。这时我忘记了一切。在星的怀抱中我微笑着，我沉睡着。我觉得自己是一个小孩子，现在睡在母亲的怀里了。

有一夜[19]，那个在哥伦波[20]上船的英国人指给我看天上的巨人。他用手指着：//那四颗明亮的星是头，下面的几颗是身子，这几颗是手，那几颗是腿和脚[21]，还有三颗星算是腰带。经他这一番指点，我果然看清楚了那个天上的巨人。看，那个巨人还在跑呢！

——节选自巴金《繁星》

### 注音

1. 月夜　　　　yuèyè

2. 七八月　　　qībāyuè

3. 密密麻麻　　mìmìmámá

（口语一般读为　mìmìmāmā）

4. 似的　　　　shìde

5. 一道　　　　yídào

6. 静寂　　　　jìngjì

7. 星群密布　　　xīngqúnmìbù

8. 觉得　　　　　juéde

9. 无处不在　　　wúchùbúzài

10. 天文学　　　　tiānwénxué

11. 朋友　　　　　péngyou

12. 很熟　　　　　hěnshú

13. 半明半昧　　　bànmíngbànmèi

14. 摇摇欲坠　　　yáoyáoyùzhuì

15. 眼睛　　　　　yǎnjīng

16. 模糊　　　　　móhu

17. 萤火虫　　　　yínghuǒchóng

18. 仿佛　　　　　fǎngfú

19. 一夜　　　　　yíyè

20. 哥伦波　　　　gēlúnbō

21. 脚　　　　　　jiǎo

## 作品2号

　　夕阳落山不久[1]，西方的天空，还燃烧着一片[2]橘红色[3]的晚霞。大海，也被这霞光染成了红色，而且比天空的景色[4]更要壮观。因为[5]它是活动[6]的，每当一排排波浪涌起的时候，那映照在浪峰上的霞光，又红又亮，简直[7]就像一片片霍霍[8]燃烧着的火焰，闪烁[9]着，消失了。而后面的一排，又闪烁着，滚动着，涌了过来。

　　天空的霞光渐渐地淡下去了，深红的颜色变成了绯红[10]，绯红又变为浅红。最后，当这一切[11]红光都消失了的时候，那突然[12]显得高而远了的天空，则呈现出一片肃穆[13]的神色。最早出现[14]的启明星，在这蓝色的天幕[15]上闪烁起来了。它是那么大，那么亮，整个广漠[16]的天幕上只有它在那里放射着令人注目<sup>17</sup>的光辉，活像一盏悬挂在高空的明灯。

夜色加浓，苍空中的"明灯"越来越多<sup>18</sup>了。而城市各处<sup>19</sup>的真的灯火也次第亮了起来，尤其是围绕在海港周围山坡上的那一片灯光，从半空倒映在乌蓝的海面上，随着波浪，晃动着，闪烁着，像一串流动着的珍珠，和那一片片密布在苍穹里的星斗互相辉映，煞是<sup>20</sup>好看。

在这幽美的夜色中，我踏着软绵绵的沙滩，沿着海边，慢慢地向前走去。海水，轻轻地抚摸<sup>21</sup>着细软的沙滩，发出<sup>22</sup>温柔的//刷刷<sup>23</sup>声。晚来的海风，清新而又凉爽。我的心里，有着<sup>24</sup>说不出的兴奋和愉快。

夜风轻飘飘地吹拂<sup>25</sup>着，空气中飘荡着一种大海和田禾相混合的香味儿，柔软的沙滩上还残留着白天太阳炙晒<sup>26</sup>的余温。那些在各个<sup>27</sup>工作<sup>28</sup>岗位上劳动了一天的人们，三三两两地来到这软绵绵的沙滩上，他们浴着凉爽的海风，望着那缀满了星星的夜空，尽情地说笑，尽情地休憩<sup>29</sup>。

——节选自峻青《海滨仲夏夜》

### 注音

1. 不久　　　bùjiǔ

2. 一片　　　yípiàn

3. 橘红色　　júhóngsè

4. 景色　　　jǐngsè

5. 因为　　　yīnwèi

6. 活动　　　huódòng

7. 简直　　　jiǎnzhí

8. 霍霍　　　　huòhuò

9. 闪烁　　　　shǎnshuò

10. 绯红　　　　fēihóng

11. 一切　　　　yíqiè

12. 突然　　　　tūrán

13. 肃穆　　　　sùmù

14. 出现　　　　chūxiàn

15. 天幕　　　　tiānmù

16. 广漠　　　　guǎngmò

17. 注目　　　　zhùmù

18. 越来越多　　yuèláiyuèduō

19. 各处　　　　gèchù

20. 煞是　　　　shàshì

21. 抚摸　　　　fǔmō

22. 发出　　　　fāchū

23. 刷刷　　　　shuāshuā

24. 有着　　　　yǒuzhe

25. 吹拂　　　　chuīfú

26. 炙晒　　　　zhìshài

27. 各个　　　　gègè

28. 工作　　　　gōngzuò

29. 休憩　　　　xiūqì

# 参考文献

［1］中国社会科学院语言研究所.方言调查字表（修订本）［M］.北京：
商务印书馆，1981.

［2］李荣.官话方言的分区［J］.方言，1985（01）.

［3］张盛裕，张成材.陕甘宁青四省区汉语方言的分区［J］.方言，
1986（02）.

［4］丁声树.方言调查词汇手册［J］.方言，1989（02）.

［5］张盛裕.河西走廊的汉语方言［J］.方言，1993（04）.

［6］北京大学中国语言文学系语言学教研室.汉语方言词汇［M］.北
京：语文出版社，1995.

［7］袁家骅，等.汉语方言概要（第二版）［M］.北京：语文出版社，
2001.

［8］国家语言文字工作委员会普通话培训测试中心.普通话水平测试
实施纲要［M］.北京：商务印书馆，2004.

［9］黄大祥，雒鹏，王伟俊.河西方言与普通话水平测试训练教程
［M］.兰州：兰州大学出版社，2006.

［10］雒鹏，莫超，李敬国，等.兰州方言与普通话水平测试训练教程
［M］.兰州：兰州大学出版社，2006.

［11］吴开华，赵登明.民勤方言与普通话［M］.兰州：甘肃民族出版
社，2006.

［12］何茂活.山丹方言志［M］.兰州：甘肃人民出版社，2007.

［13］李孝英，张丽.大学生普通话应用教程［M］.兰州：甘肃人民出
版社，2007.

［14］张文轩，莫超.兰州方言词典［M］.北京：中国社会科学出版
社，2009.

［15］林涛.宁夏方言概要［M］.银川：宁夏人民出版社，2012.

［16］中国社会科学院语言研究所.中国语言地图集（第2版）［M］.
北京：商务印书馆，2012.

［17］张燕来.兰银官话语音研究［M］.北京：北京语言大学出版社，
2014.

［18］教育部语言文字信息管理司，中国语言资源保护研究中心.中国
语言资源调查手册·汉语方言［M］.北京：商务印书馆，2015.

［19］黄伯荣，廖序东.现代汉语（增订六版）［M］.北京：高等教育
出版社，2017.

［20］宋欣桥.普通话语音训练教程（第三版）［M］.北京：商务印书
馆，2017.

［21］王光亚，张淑敏.普通话水平测试培训教程［M］.兰州：甘肃教
育出版社，2010.

［22］邢向东，马梦玲.论西北官话的词调及其与单字调、连读调的关
系［J］.中国语文，2019（01）.